TITAN

Collection dirigée par
Stéphanie Durand

Du même auteur chez Québec Amérique

Pleurer au fond des mascottes, coll. III, 2020.
Portrait-robot de ma furie, coll. qa, 2020.
Je vais à la gloire, Albums, 2020.
Au beau débarras – La mitaine perdue, Albums, 2019.
« Portrait-robot de ma furie », *Les Disparus d'Ély – Mortels*, collectif sous la direction de Véronique Marcotte, Québec Amérique, Hors collection, 2019.
La Maison sonore, Albums, 2018.
Le dernier qui sort éteint la lumière, coll. Titan, 2017.

- **Prix Adolecteurs 2018-2019**

Florence et Léon, Albums, 2016.

- **Finaliste, Prix Alvine-Bélisle 2017**
- **Finaliste, Prix du Gouverneur général du Canada 2016**

« Les poupées de cire », *Sous la ceinture*, collectif sous la direction de Nancy B.-Pilon, Québec Amérique, Hors collection, 2016.
Plus léger que l'air, coll. Petit Poucet, 2015.
Edgar Paillettes, coll. Gulliver, 2014 ; nouvelle édition, 2019.

- **Prix jeunesse des libraires 2014, volet Québec, 6-11 ans**

Les Monstres en dessous, coll. Gulliver, 2013.

Le dernier qui sort éteint la lumière

Projet dirigé par Stéphanie Durand, éditrice

Conception graphique : Claudia Mc Arthur
Mise en pages : Gabrielle Deblois
Révision linguistique : Julie Therrien et Chantale Landry
Lecture de sûreté de la présente édition : Flore Boucher
Illustration en couverture : Jean-François Poisson

Québec Amérique
7240, rue Saint-Hubert
Montréal (Québec) Canada H2R 2N1
Téléphone : 514 499-3000, télécopieur : 514 499-3010

Nous reconnaissons l'aide financière du gouvernement du Canada.

Nous remercions le Conseil des arts du Canada de son soutien.
We acknowledge the support of the Canada Council for the Arts.

Nous tenons également à remercier la SODEC pour son appui financier. Gouvernement du Québec – Programme de crédit d'impôt pour l'édition de livres – Gestion SODEC.

Canada | Conseil des arts du Canada | Canada Council for the Arts | SODEC Québec

Catalogage avant publication de Bibliothèque et Archives nationales du Québec et Bibliothèque et Archives Canada

Titre : Le dernier qui sort éteint la lumière / Simon Boulerice.
Noms : Boulerice, Simon, auteur.
Collections : Titan jeunesse.
Description : Mention de collection : Titan | Édition originale : [2017].
Identifiants : Canadiana 20190019859 | ISBN 9782764439111
Classification : LCC PS8603.O9377 D47 2019 | CDD jC843/.6—dc23
ISBN 978-2-7644-3285-3 (PDF)
ISBN 978-2-7644-3286-0 (ePub)

Dépôt légal, Bibliothèque et Archives nationales du Québec, 2019
Dépôt légal, Bibliothèque et Archives du Canada, 2019

quebec-amerique.com

Deuxième réimpression : septembre 2021

Imprimé au Canada

SIMON BOULERICE

Le dernier qui sort éteint la lumière

QuébecAmérique

« Ta mère fait dire qu'on t'aime. »

Laurent Lepage au téléphone
avec sa fille Janique

À Michel, mon papa aimé et aimant
qui voulait impérativement avoir des enfants.

Lundi, 1er mai

Si je m'appelle Arnold, c'est en l'honneur d'Arnold Schwarzenegger. Ce prénom, je le dois à un de mes pères, Julien Morin, qui a toujours été fou des muscles et de la virilité de ce vieil acteur devenu homme politique aux États-Unis. Un culturiste, recyclé d'abord en acteur, puis réorienté en sénateur. Julien m'a dit que Schwarzenegger aurait bien voulu devenir président américain, mais il n'a pas pu, parce qu'il est né en Autriche. Pour devenir président des États-Unis, il faut y être né. C'est comme ça que ça marche. « On ne peut pas tout avoir dans la vie », dirait Édouard, mon autre père. Julien n'est jamais de cet avis.

Je précise ici, car ça peut surprendre : j'ai deux papas. Julien (Papou) et Édouard (Poupa). Deux papas à égalité, absolument *ex æquo* sur le podium de la paternité. Et pas de maman. J'ai Marraine Sandrine, à la place. Elle nous a portés, Alia (ma jumelle) et moi. Mais elle n'a jamais voulu être maman. « Ce n'était pas pour moi. J'étais faite pour être votre marraine », qu'elle nous répète souvent, à ma sœur et moi, avec sa voix chantante, en agitant ses bracelets métalliques, comme pour battre la mesure. C'est une femme avec un petit quelque chose de gitan. D'ailleurs, Julien la surnomme la « hippie ». Mais ça ne la fâche pas. Ça la fait rire. Presque tout la fait rire.

Marraine Sandrine est la meilleure amie de Papou Julien depuis toujours. Ils ont grandi ensemble, ici, dans la même campagne où nous habitons. Ils se sont connus en 3e année du primaire, quand Sandrine est venue s'établir dans le village avec sa mère monoparentale. Rapidement, ils se sont pris d'affection. Marraine Sandrine m'a raconté l'histoire au moins mille fois. C'était en pleine classe de mathématiques. Leur enseignante leur montrait à faire des calculs sur une planche à calculer, divisée en trois sections : une pour les centaines, une pour les dizaines et une pour les unités. Pour illustrer le nombre demandé par la prof, les élèves devaient répartir des jetons rouges sur la planche (comme Alia et moi faisions il y a quatre ans, en 3e année). Quand l'enseignante leur a parlé d'une demi-unité, Marraine Sandrine, ne faisant ni une ni deux, aurait croqué le jeton avec ses dents pointues pour obtenir sa demi-unité. La prof, qui ne l'aurait pas vu faire, aurait indiqué au même moment qu'« évidemment, on ne va pas croquer un jeton ! ». Julien aurait alors explosé de rire avant que Marraine Sandrine, aucunement offusquée, rie à son tour, une moitié de jeton collée sur les lèvres. Ils auraient tellement gloussé, les deux ensemble, que l'enseignante les aurait chassés de la classe. En allant au bureau du directeur, l'écho de leur rire dans les corridors aurait scellé leur amitié.

Ce que nos papas aiment le plus de Marraine Sandrine, c'est sa capacité à rire d'elle-même. Son « autodérision », qu'ils disent. Un exemple ? Elle louche d'un œil. Je ne sais jamais lequel de ses yeux regarder quand elle parle. Un jour, je le lui ai demandé. Dans sa renversante cascade de rires, elle m'a répondu : « Mais celui que tu veux, mon amour ! »

Je ne sais pas si loucher, c'est génétique. Ni si ça peut se développer avec le temps. Il faudrait que j'en parle à Édouard. C'est lui le plus scientifique de nos deux papas. Même si je trouve Marraine Sandrine très belle, je suis soulagé que sa génétique ne se soit pas reproduite dans mon visage à moi. Ni dans celui d'Alia. Nos yeux regardent parallèlement, heureusement !

Alia et moi, avec nos vues parallèles, nous consommons de la téléréalité comme si c'était du jus sucré depuis que nous sommes enfants. *Un souper quasi génial*, *Les délices de Maurice*, *Ma mère chante mieux que la tienne*, *La note parfaite*, sans compter les traductions américaines sur des chaînes spécialisées… Nous regardons tout, selon nos papas découragés de nous voir « captifs » devant la télé. Captifs, oui. C'est le mot qu'ils utilisent pour marquer leur désapprobation. Je le trouve tiré par les cheveux, ce mot. Non, Alia et moi ne sommes pas *captifs* devant la télé. Nous sommes *captivés*. Ça sonne moins dépendant à mes oreilles. Ça nous convient mieux.

Il est vrai que les téléréalités nous captivent pas mal, ma sœur et moi. C'est comme si, parce que c'est vrai, *réel*, ça a plus d'importance. Comme si le fait que nous puissions connaître réellement les héros de la télé, ça nous les rendait plus accessibles et passionnants. Alia en trouve certains si beaux qu'elle découpe leurs photos dans des magazines et les colle sur les murs de sa chambre. Nos papas, eux, préfèrent la fiction : ils se tapent des séries américaines en rafales au salon (ce printemps, ils dévorent les six saisons de *Breaking Bad*, par exemple), pendant qu'Alia et moi regardons nos téléréalités au sous-sol. Et tout le monde est heureux. Pas de chicane dans notre cabane.

C'est l'harmonie chez les Morin-Aubert. Généralement, disons.

La semaine passée, Alia m'a fait réaliser que nous connaissons le coup de foudre de plein de vedettes instantanées, mais que nous ignorons celui des deux personnes qui vivent sous notre propre toit : nos papas ! Elle m'a dit quelque chose comme : « Arnold, tu trouves pas ça bizarre qu'on sache comment Charles et Nathalie de *L'amour est dans le spa* se sont rencontrés, mais qu'on sache pas comment Édouard et Julien se sont connus ? » Ça m'a donné un petit coup, sérieux.

Samedi dernier, en plein souper, nous avons voulu remédier à ce mystère en interrogeant nos papas. Mais plutôt que de nous répondre spontanément, ils se sont consultés du regard, amusés, et sont allés se réfugier dans la salle de jeux, en prenant bien soin de garder la porte fermée. Alia et moi, tout ce que nous faisions, c'était froncer les sourcils en avalant nos raviolis sauce tomate. Nous étions totalement déroutés par l'attitude de grands cachottiers de nos papas. Ils sont revenus au bout de dix minutes et nous ont exposé leur projet.

Roulement de tambours.

Alors: pour nos 13 ans (le 13 mai prochain, donc notre année chanceuse!), à ma sœur jumelle et moi, nos deux papas ont décidé de nous fabriquer un calendrier de l'avent. Comme à Noël, quand on mange un chocolat par jour, du 1er au 24 décembre, derrière de petites fenêtres cartonnées. Sauf qu'ici, c'est 13 jours plutôt que 24. Et ce n'est pas à un chocolat par jour que nous avons droit, mais bien à une lettre écrite par eux. Et au terme du décompte, ce ne sera pas Noël, mais notre anniversaire. Et nous apprendrons enfin ce que nous attendons depuis longtemps: lequel de nos deux pères est le véritable papa. Notre père biologique, je veux dire.

C'est donc ça leur projet pour nos 13 ans: nous révéler l'origine de leur histoire d'amour et celle de notre propre origine, à ma sœur et moi. Même si nous adorons déballer des surprises, comme n'importe quel jeune ado sain d'esprit, je trouve que c'est un fantastique cadeau d'anniversaire. Le soir de cette annonce, en cachette, Alia m'a dit qu'elle aurait préféré avoir un cellulaire. Je l'ai traitée de fille ingrate (je trouve l'expression très forte, même si je ne suis pas certain de son sens). Alia s'est sentie un peu mal et a fini par m'accorder que c'est un cadeau unique auquel nous aurons droit. Elle a néanmoins ajouté un truc comme: « Mais bon, on ne sait pas, peut-être qu'en plus des lettres, on aura aussi un beau cadeau emballé ! Genre un iPhone ou un iPad... Ou sinon juste du parfum, des souliers, des vêtements... Ou même juste juste juste des certificats cadeaux pour pouvoir m'acheter ce que je veux. » Soupir.

Ça, c'était samedi passé. Ce matin, lundi 1er mai, une première lettre nous attend sur la table, entre nos bols de céréales. Je reconnais la calligraphie de Julien, pleine de fioritures (Édouard a une écriture plus sobre, à son image, d'ailleurs). Papou Julien est tellement excité. Poupa Édouard aussi, mais il cache mieux son jeu. Ils nous demandent tous deux de ne pas la lire devant eux. Après nos Honeycomb et nos Froot Loops avalées à la va-vite, Alia se propose pour me la lire à voix haute, dans sa chambre. Chaque fois que l'occasion de jouer à la comédienne se présente, Alia ne donne pas sa place ! Elle tient assurément ça de Julien. Elle se racle la gorge et grimpe sur son lit pour me servir sa lecture la plus théâtrale. J'ai une jumelle un peu intense.

La présentation

Chers et précieux enfants bourrés de télé,

Pourquoi une abeille meurt après nous avoir piqués?

Pourquoi on est les seuls à l'école à avoir deux papas?

Est-ce que l'abeille sait qu'elle mourra si elle nous pique?

Si j'avais l'âge, est-ce que j'aurais le droit de passer une audition pour participer à La note parfaite? Pensez-vous que j'aurais des chances pour vrai?

Comment les abeilles font l'amour?

Comment vous vous êtes rencontrés?

Pourquoi Marraine Sandrine, on l'appelle Marraine si c'est elle qui est notre maman?

Qui, d'après vous, va gagner à l'émission Un souper quasi génial cette semaine?

Lequel de vous deux est notre vrai papa?

Où vous avez mis mon tee-shirt bleu de Terminator?

Où est-ce qu'ils vont tourner L'amour est dans le spa, cette année? C'est au Chili, je pense. C'est pas en Afrique, le Chili?

Où vous vous êtes connus?

Lequel de vous deux est notre vrai papa?

Est-ce que vous aimez plus Arnold que moi?

Lequel de vous deux est notre vrai papa?

Est-ce que Charles de L'amour est dans le spa va laisser Nathalie? Il a pas l'air de l'aimer autant qu'elle l'aime. Vous trouvez pas?

Lequel de vous deux est notre vrai papa?

Ça vous dit de quoi, hein? Voici quelques-unes des milliers de questions que vous nous posez depuis longtemps sur vous et sur nous. Questions auxquelles nous vous répondons une fois sur deux... Pour votre 13e anniversaire, qui sera votre année chanceuse, nous voulons vous faire le plus beau cadeau: vous dire toute la vérité (ou presque, car un peu de mystère fait toujours le plus grand bien). Nous répondrons à la plupart de vos questions restées sans réponses. Vos questions sur vous, et sur nous. Disons que nous nous attarderons moins aux questions qui concernent la télé... Mais vous saurez tout de vous et de nous. Qui est Poupa Édouard? Qui est Papou Julien? Chers et précieux enfants bourrés de télé, pour vos 13 ans, vous saurez tout de la genèse de nos vies et de notre amour.

Vos deux papas qui vous aiment,
Poupa et Papou
(c'est moi qui vous aime le plus!)

xxx

P.-S.: Vous recevrez nos lettres quotidiennement, oui, mais parfois le matin, et certainement plus souvent le soir. Dépendamment de notre rigueur! Hihihihi!

C'est tout? Je m'attendais à un peu plus, pour une première lettre. Une révélation quelconque, ou je ne sais pas. En tout cas, un peu plus qu'une série de questions que nous avons (ou avions) l'habitude de poser à nos papas, ma sœur et moi. Je dois avouer que la lettre me déçoit. Alia, elle, pas du tout. Elle s'attendait à ça. Elle me calme en me disant que c'est une première lettre, qu'il leur reste exactement douze lettres pour se révéler à nous.

« C'est un genre de mise en situation, Arnold. Capote pas. »

OK, OK. Je ne capote pas.

Alia a sans doute raison. Elle est amusée par la liste de questions retenues par nos papas. C'est vrai que nous avons été, elle et moi, des enfants avides de tout savoir, quitte à épuiser nos papas. Et obtenir enfin des réponses va nous contenter.

L'heure file. Nous allons manquer le bus pour l'école, si nous ne nous pressons pas. Je pousse un peu dans le derrière d'Alia pour qu'elle s'active. « Ben oui, t'es belle, viens-t'en ! »

Dans l'autobus que nous rattrapons de justesse, je m'assois avec Alia. C'est très rare, mais là, j'en ai envie, et elle aussi. Normalement, je m'assois avec Maxime ou Yannick à l'avant, alors qu'Alia rejoint Tania et Clélia au fond du bus. Pas aujourd'hui. C'est comme si l'amour de nos papas à notre endroit nous unissait un peu plus, ma sœur et moi.

Je salue mes amis, Alia salue les siennes. « On pourrait faire une petite liste de ce qu'on connaît de nos papas ! » propose ma jumelle, euphorique, sur le bout de son siège. Alia et son tempérament changeant : elle qui était si peu emballée à l'idée des lettres, la voilà plus excitée que moi. Son enthousiasme me contamine. Je sors un crayon et un papier de mon sac à dos. Je consulte ma sœur des yeux. Nous entamons un remue-méninges.

Sur le trajet menant à l'école, les nids-de-poule sont importants. Les pneus de notre autobus embrassent chacune des crevasses que l'hiver a causées à l'asphalte. Ça bardasse solide dans le bus. Mon écriture, habituellement si régulière, est toute tremblante.

Choses que nous savons de nos papas :

1- Papou Julien = travaille en garderie (petits enfants)
Poupa Édouard = enseigne la science (Cégep)

2- Papou = a grandi en campagne
Poupa = vient de Montréal

3- Papou = fils unique
Poupa = 4 grandes soeurs
(nos 4 matantes)

4- Papou = extraverti et exubérant
Poupa = introverti et discret (sauf quand il écoute le chanteur Renaud !)

5- Papou = danse
Poupa = jogging
mais les deux aiment leurs cours de swing!

6- Papou = artistique
Poupa = scientifique

7- Péché mignon de Papou = s'acheter le magazine *7 Jours*, *Le Lundi* ou *La Semaine* (ou les trois)
Routine de Poupa = se procurer les revues *GEO* et *Sciences* le samedi matin

8- Papou = bébitte à sucre et à sel
Poupa = aliments santé

9- Papou = dort comme une bûche (ronfle)
Poupa = sommeil léger (insomnie... peut-être à cause de Papou justement!)

10- Papou = adore faire la vaisselle
mais déteste cuisiner
Poupa = l'inverse

11- Papou = aime l'odeur du gingembre (comme moi)
Poupa = adore celle de l'essence
à la station-service (comme Alia)

12- Ils nous aiment autant l'un que l'autre...

Je termine de noter la 12e évidence sur nos papas quand l'autobus se stationne dans la cour de la polyvalente, pour se vider des élèves qu'il transportait de manière chaotique sur le chemin caillouteux. Les ados sortent pendant qu'Alia relit nos trouvailles rapidement à voix plus basse (elle sait heureusement se garder une petite gêne, quand c'est le temps !). Au fil des douze prochains jours, nous pourrons bonifier cette liste et écrire au marqueur noir qui est notre vrai *vrai* papa.

Alia rejoint Tania et Clélia. Moi, je range la liste dans mon sac et cours derrière Max et Yannick. De loin, je la regarde rire avec ses copines. Je l'imagine tout raconter de notre intimité, de notre vie familiale atypique, du projet de fête de nos papas. J'aime Papou et Poupa, mais je n'ai pas envie que TOUT le monde de l'école soit au courant. Alia a plus de légèreté que moi. Et surtout, elle est un livre ouvert.

Moi, je préfère cultiver le mystère. Surtout depuis mon arrivée dans l'école des grands… Je préserve certains secrets, mais puisque ce sont souvent les mêmes que ma jumelle et qu'elle les ébruite plus vite que son ombre, si ça se trouve, la moitié de l'école sait sans doute que j'ai deux papas !

À ce sujet, Loïc Longtin, un gars de secondaire 2, s'amuse à me mener la vie dure. Sa case est tout près de la mienne. Il a trouvé en moi sa tête de Turc parfaite. Chaque fois que je le vois, il mime subtilement des poignets cassés. Subtilement, car personne d'autre que moi ne le voit faire. Il attend toujours qu'il n'y ait personne dans les parages pour me traiter de moumoune. Jamais il n'agirait ainsi devant du monde. Ça le rend encore plus mesquin. Sa méchanceté est sournoise.

Elle est toujours dans l'ombre. Tout le monde pense que c'est un bon gars. Mais non : c'est un sans-cœur.

À Noël, avec l'école, je suis allé dans une discothèque. Il y avait des *blacklights*, le genre de lumière mauve qui rend nos dents hyper-blanches. Si elle a la bonté de blanchir nos dents, cette lumière fluorescente révèle surtout la laideur superficielle : elle met en relief les peluches sur nos chandails émoussés et les pellicules dans nos cheveux malpropres. C'est une lumière intransigeante. Je me rappelle m'être dit qu'il serait chouette que ce genre de lumière révèle plutôt la laideur interne. Qu'elle fasse briller les défauts des humains. Leur cruauté, leur méchanceté. Si Loïc était éclairé par des *blacklights* visant à scanner la malveillance, il serait un être lumineux. Il brillerait dans le noir, pour toute la noirceur qui irradie en lui. Toute cette noirceur qu'il cache sous des sourires narquois.

Moi, je pense que je passerais plutôt inaperçu, sous ce genre de lumière révélatrice.

Il me semble que je suis un bon gars.

Non : je suis sûr que je suis un bon gars.

Mardi, 2 mai

Je dessine encore le même superhéros. Il a la mâchoire carrée, un cou large comme une cuisse et des sourcils fournis comme une grosse moustache. Il a vraiment l'air en trois dimensions. Pour les ombres, je fais des hachures parallèles, et d'autres croisées, dépendamment de la noirceur voulue. Sur ses muscles, je trace aussi des veines sinueuses qui ressemblent à des cartes routières. Je l'ai appelé Schwarzy.

— Il est trop *cool*, ton Scarzy ! s'exclame Yannick, penché sur mes croquis.

— Pas Scarzy, *Schwarzy* ! corrige Max.

Mes amis et moi sommes dans la cafétéria. Max et Yannick complimentent presque toujours mes créations. « En tout cas, il est vraiment trop *cool*. Tu devrais faire une BD à partir de ce bonhomme-là ! » propose Yannick. C'est dans mes projets, une bande dessinée. Pour vrai. Cette année, j'ai pris le cours option arts plastiques, plutôt qu'art dramatique, comme Alia. Je suis un bon physionomiste, dit mon enseignante. Il est vrai que je connais bien les expressions faciales. Je maîtrise l'impact de la colère ou de la peur sur des sourcils, quand je la dessine. J'ai appris grâce à un bon livre.

L'année dernière, pour mes 12 ans, mes papas m'ont donné un manuel qui s'intitule *Comment bien dessiner des Comics.* C'est mon «livre de chevet», dit Julien, même si je n'ai pas de table de chevet. Je le traîne toujours dans mon sac d'école. J'y ai appris à dessiner des héros ultra *abdomifiés* et *bicepés*, un peu comme Arnold Schwarzenegger. Des héros totalement invincibles.

Dans mon livre, on prétend que les muscles des filles doivent être subtils pour éviter de leur donner un look masculin. Mais pour les hommes, on peut se lâcher lousse : biceps, triceps, brachial, brachio-radial, pectoraux, trapèze, spinaux érecteurs (eh oui), sans oublier les abdos en tablettes de chocolat! D'ailleurs, j'y ai appris que les abdos sont aussi personnels qu'un visage. Ils ne seraient pas toujours symétriques, semble-t-il. On peut donc *personnaliser* les abdos de notre héros. Ravissant projet. Même s'il est exagéré, mon Schwarzy a exactement le corps que je voudrais avoir.

Comment bien dessiner des Comics ne présente les hommes qu'en brutes musclées et les femmes en chattes sexy et aguichantes. On est loin de ça avec la douceur de mes papas et le côté exubérant de Marraine

Sandrine, mais ça me plaît de sortir de ma réalité. D'être dans « un imaginaire conventionnel » (si on peut appeler ça comme ça)… Avec ce manuel, depuis un an, j'apprends à dessiner de véritables superhéros. Je sais que les hommes ne sont pas tous des montagnes de muscles et que les femmes ne ressemblent pas toutes à des filles qui posent sur des autos. Mais dans mon guide, on dit que même dans l'action, les femmes doivent offrir leur poitrine et cambrer le dos. Édouard soupire devant autant de clichés, mais ça ne m'empêche pas d'aimer un peu ça. Je trouve ça beau, quand même, dessiner des hommes ultra-forts et des femmes extra-féminines, avec des courbes généreuses. Et je ne suis pas le seul : Julien est en pâmoison devant mes superhéros masculins, et Marraine Sandrine, même si elle ne ressemble en rien à une madame posant sur un bolide rutilant, adore chacun de mes croquis. Elle a hâte que je lui montre ma première BD, qu'elle me répète souvent. Disons qu'avec mes papas, mes amis et Marraine Sandrine, j'ai de la pression !

En levant la tête, je vois Alia avec ses amies à la table voisine. Elle me salue froidement. Bon, que se passe-t-il encore ? Pourquoi fait-elle cette tête d'enterrement ? Je délaisse mes croquis et mes amis pour m'informer auprès d'elle.

— Ça va pas ?

— Non. J'ai eu une mauvaise note en art dram. Je comprends pas. Je suis bonne. Vraiment bonne. Je méritais pas ça.

— C'est vrai qu'elle est bonne, approuve Tania.

— C'est vrai qu'elle méritait pas ça, renchérit Clélia.

Alia a d'excellentes amies qui pensent souvent comme elle. Ou bien elles ont peur d'elle ? Car ma jumelle non identique peut, à l'occasion, avoir un petit tempérament bouillant. J'essaie de la rassurer à mon tour.

— C'est vraiment plate. C'est peut-être une erreur du prof. Tu peux pas t'expliquer avec elle ?

— Avec lui, qu'elle me corrige.

— Avec lui, d'abord.

— Non, je peux pas. Et il est trop beau, ça me gêne de lui parler. Si ça se trouve, il m'a donné une mauvaise note parce qu'il me trouve laide.

— Dis pas ça, c'est pas vrai, intervient Tania.

— C'est absolument pas vrai, renchérit Clélia.

Je pourrais bien lui dire moi aussi que ce n'est pas vrai, mais ça ne changerait pas grand-chose. Alia est très belle et elle le sait. Elle aime juste qu'on le lui confirme. Moi, je n'embarque pas trop là-dedans. Je lui ai déjà dit que je la trouvais belle, il est hors de question que je passe ma vie à le lui rappeler.

— Arrête de bouillir, Alia. Si tu te défâches pas, tu vas te mettre à friser comme un mouton !

Ma sœur me foudroie du regard. J'ai dit la chose à ne pas dire que dit souvent Julien quand il veut l'agacer. Ça la met hors d'elle. Ma sœur déteste ses bouclettes naturelles. Elle passe ses matinées à aplatir sa chevelure mèche par mèche. Les jours humides, elle préférerait se raser la chevelure plutôt que de friser comme Marraine Sandrine.

Moi, j'aime bien sa chevelure volumineuse et bouclée. Dans mon guide sur les *Comics*, on nous incite à les faire parler, en les dessinant. On doit adapter la coiffure d'une héroïne à sa personnalité. Et je sens que la vraie nature de ma sœur, c'est être un mouton. Après tout, tout ce qui est à la mode, Alia se fait un devoir de l'acheter, de l'intégrer dans sa vie. Un vrai mouton qui suit la mode du troupeau, oui.

— C'était une blague, dis-je pour couper la tension.

— T'es pas spécialement drôle, Arnold. Contente-toi donc de dessiner.

Et vlan dans mes dents ! Ça m'apprendra à jouer au comique, comme elle.

— T'as lu la lettre de Papou ? qu'elle me demande, suffisamment fort pour que ses amies entendent.

Elle n'a décidément aucun secret pour personne.

— Laquelle ? Celle d'hier ? Ben oui, avec toi ! que je lui chuchote.

— Non, la nouvelle. Celle de ce matin, qu'elle précise, comme si c'était banal.

— Attends, on a reçu une nouvelle lettre pis tu me l'as pas dit ? !

— Les nerfs ! Ça m'était sorti de la tête. Julien m'a donné la lettre vite vite avant qu'on rattrape le bus. Il l'a terminée ce matin, à la course. En fait, non, c'est Édouard qui la corrigeait avant de l'imprimer, je pense. En tout cas, j'ai pris la lettre après que tu sois sorti, pis dans le bus, je me suis assise avec Tania et Clélia. J'ai juste oublié de te le dire.

Ouin. Eh bien, elle n'a pas duré longtemps, notre belle complicité de jumeaux d'hier !

— Tu allais me le dire quand ? Après l'école, dans le bus ? Ou au souper ?

— Je te le dis, là ! J'ai eu une mauvaise nouvelle, ce matin. Tu pourrais me lâcher un peu, s'il te plaît ?

— Quelle mauvaise nouvelle ?

— Franchement, Arnold ! Ma note en art dram ! Écoute-moi quand je te parle !

— Je peux-tu voir la lettre ?

— La v'là !

Alia me la lance presque au visage. Je fulmine de l'intérieur et retrouve mes amis avec la précieuse lettre #2. Je l'ouvre et la lis dans ma tête, en entendant très bien la voix très unique de Papou Julien.

Va-t-il nous refiler des indices pour deviner qui est notre véritable papa ?

L'ENFANCE DE JULIEN

Mes chers trésors en pain d'épice,

C'est Papou Julien qui vous écrit. Ça a l'air que c'est moi le premier à vous raconter mon enfance parce que Poupa a plein de corrections à faire pour le travail. Alors, je me lance !

Je suis né le 8 mars il y a 40 ans. Je mesure 5 pieds 3 depuis que j'ai 16 ans. J'ai toujours été le plus petit de la classe. Sur les photographies scolaires, celui qui tenait le panneau qui indique le groupe et l'année, en bas, assis en indien, c'était moi, systématiquement. Et j'en étais très très fier. Il n'y a qu'à voir le genre de sourire que j'affichais sur ma photo de classe pour le comprendre. (J'ai joint à ma lettre une photocopie d'une photo d'école, pour que vous voyiez un peu le portrait. Avouez que je suis absolument craquant dans mon petit costume bleu poudre avec mon nœud papillon rouge ! ? En tout cas, votre Poupa me trouve irrésistible. Il a beaucoup de goût, hein ?)

Petite parenthèse sur ma grandeur : j'ai toujours aimé être le plus petit. Moi, j'aime ça, ne pas atteindre la plus haute étagère de céréales à l'épicerie et voir les grandes personnes venir à ma rescousse. Les entendre me dire : « Vous voulez quoi, mon bon p'tit monsieur ? Les céréales sucrées, ou celles natures ? » Et moi, leur répondre : « Les sucrées, s'il vous plaît. Si on peut pas avoir de plaisir le matin en mangeant des céréales pleines de glucides pas bonnes pour la santé, ça donne quoi de se lever ? » Voir les grandes personnes s'étirer pour moi, s'allonger le bras pour atteindre la boîte que j'ai choisie, je trouve ça émouvant, moi. Ça me rassure sur la race humaine. Vive le partage ! Je suis toujours heureux après de leur demander si je ne pourrais pas, en échange, me pencher pour eux, pour leur attraper la sorte de petits pois en conserve qu'elles préfèrent. Mais ces grandes personnes là disent toujours « non merci ». Elles peuvent se pencher, il paraît. Je trouve ça dommage. Ça me ferait tellement plaisir de me pencher pour eux. Ce n'est pas difficile pour moi : je suis si près du sol ! Quand je m'étire à l'épicerie pour atteindre les aliments trop hauts pour moi, ça fait travailler mes mollets. Ils sont fort jolis, vous savez ! D'ailleurs, la première chose que Poupa a remarquée de moi, c'est précisément mes mollets. Mes gros mollets de culturiste ! Édouard m'a longtemps appelé Gros-Mollets. J'aimais beaucoup ça. C'est dommage qu'il ait cessé de me surnommer ainsi. Je m'ennuie de ça, parfois… Mais bon, revenons à nos moutons (je parle pas de toi, Alia, là !)…

Pour vous raconter notre enfance, Poupa et moi avons chacun choisi un moment charnière de notre passé. Un moment important, qui résume l'enfant que nous étions. Moi, je me suis penché sur mes dix ans.

Je me revois donc à cette époque, dans la cave de la maison de grand-papa et grand-maman Morin. Je tenais pour acquis qu'elle m'appartenait, cette cave. Elle était à moi ! D'ailleurs, ce n'est pas pour me vanter, mais j'avais aidé mon père à la construire. De petites choses, là, comme poser un clou, ou plâtrer une vis, ce genre de chose. Mais bon, je l'avais quand même construite en partie, cette cave-là. C'était d'ailleurs l'activité la plus virile que j'avais accomplie dans ma vie. (Depuis ce jour, je multiplie quotidiennement les activités viriles, comme ouvrir un pot de sauce ou assembler une bibliothèque IKEA... Bon, OK, c'est vrai que j'ai tendance à demander à votre Poupa d'abord, mais quand il est absent, c'est moi qui accomplis ces prouesses ! Vous ne pouvez quand même pas dire le contraire !)

Mais revenons un peu dans la grande cave de mes dix ans. C'était moi qui avais posé les affiches de films sur les murs. J'avais mis *Conan le Barbare*, *Terminator* et *Commando*, trois films avec Arnold Schwarzenegger. Arnold huilé, bronzé, musclé, avec parfois de la suie sur le corps. Les affiches passaient leur temps à décoller. C'était trop humide, en bas. J'étais pris pour toujours à recoller Arnold-l'homme-humide sur les murs. Je le trouvais fort. Je le trouvais beau. Mon père me trouvait viril d'aimer Arnold, alors j'étais soulagé.

(Aujourd'hui, Schwarzenegger ne m'excite plus trop le poil des jambes. Je préfère nettement plus l'autre

Arnold : Arnold Morin-Aubert, mon petit monsieur muscle juste à moi !)

Bon, j'en étais où ?

Oui. La cave. Ce que j'y aimais, c'était le gros appareil de musculation à mon père. Un gros module qui fusionnait plein d'affaires pour avoir de gros muscles. La « machine à muscles », qu'on l'appelait. Il y avait un siège pour lever des poids avec ses jambes, ou encore une barre à tirer pour se faire des gros bras. Il y avait aussi deux appuis-bras suspendus pour faire des redressements debout, pour avoir des abdos d'acier.

Ça sentait le métal à plein nez. Quand je touchais à la machine à muscles, mes mains puaient le métal. Ça sentait même un peu la rouille. De la rouille qui avait pas encore rouillé, mais qui allait rouiller. L'odeur de la promesse de la rouille. Ouais ! C'était une odeur qui me levait le cœur, mais qui m'attirait en même temps. C'est toujours le cas, aujourd'hui. Je trouve encore qu'une machine à muscles, ça sent la brute. Ça sent le monsieur super musclé. Ça sent Arnold Schwarzenegger !

Mon père, grand-papa Morin, ne venait jamais dans la cave. Il ne touchait pas à la machine à muscles. Il l'avait achetée pour avoir la conscience tranquille. C'est juste moi qui m'en servais ! J'avais la paix dans ma cave, avec Arnold partout autour de moi !

Ce que j'aimais faire, au sous-sol, c'était mettre la cassette *Whitney Houston* de Whitney Houston et faire semblant de m'entraîner. Mais ce que je faisais au fond, c'est de la danse musculaire ! Je m'explique : de la danse musculaire, c'est danser en se pendant après les barres et les poids. Se soulever à bout de bras. Faire des contrepoids. Ce genre de chose. C'est être gracieux autour d'une grosse machine pas gracieuse. C'est exécuter une incroyable pirouette pendant que Whitney Houston (paix à son âme) exécute ses incroyables trémolos. C'est rendre la musculation artistique, au fond.

Mais bon. Ce bonheur ne venait pas sans heurt.

À dix ans à peine, ça faisait près d'une dizaine de fois que je me fracturais la deuxième orteil en me la cognant contre la grosse machine. Comme vous l'avez sans doute remarqué, ma deuxième orteil est un peu plus longue que ma grosse orteil. Ça l'air que c'est un signe d'intelligence ! C'est Marraine Sandrine qui a toujours dit ça. Ça fait mon affaire !

C'est bizarre ; chaque fois que je me casse l'orteil, ça tombe sur un vendredi 13 ! C'est justement à l'âge de dix ans que j'ai commencé à le réaliser...

Ce que je me disais à l'époque ressemblait à ceci : « C'est sûr que se fracturer une orteil, ce n'est pas l'idéal. Mais c'est correct : c'est le prix à payer pour être aussi heureux dans ma cave ! »

Voilivoilà, les grandes lignes de mes dix ans !

Votre Papou premier danseur de ballet
musculaire au monde,

Papou Julien

xxx

P.-S. : Vous connaissez, je crois bien, ma facilité à faire des fautes d'orthographe ? Eh bien, en plus de l'autocorrecteur qui ne voit finalement pas tout, votre Poupa les a corrigées. Sauf une, que je refuse de modifier : orteil. J'ai toujours trouvé qu'« orteil » sonnait mieux au féminin. Par conséquent, il est hors de question que j'accepte d'écrire « *un* orteil ». Compris, Édouard ? !

J'examine la photocopie de sa photo de classe. C'est vrai qu'il est charmant, avec son sourire beaucoup trop généreux ! Je replie la lettre, en souriant. Je ne sais peut-être pas encore qui de mes deux papas est le véritable, mais j'ai eu ce que je voulais, c'est-à-dire l'impression d'avoir appris quelque chose de nouveau sur Papou Julien, pourtant un livre ouvert. J'ignorais tout de la « danse musculaire », de son orteil fracturé(e). OK, je me rappelle l'avoir souvent vu se blesser au pied, mais j'ignorais ça. C'est étrange, imaginer son père plus jeune que soi. Surtout l'imaginer danser autour d'une machine à muscles !

Le soir, juste avant qu'Alia et moi filions au sous-sol regarder *Un souper quasi génial*, nous soupons tous les quatre ensemble, comme toujours. Hier, nos papas nous ont demandé de préserver les secrets et le mystère des lettres jusqu'à nos 13 ans. Donc, ils nous demandent de ne pas les questionner sur les missives qu'ils nous remettent. Du moins, pas avant le 13 mai. « C'est pour éviter de tuer la magie », prétend Édouard. Autour de la table comme ailleurs, nous pouvons parler de tout ce que nous voulons, sauf du contenu des lettres. Hier, ce n'était pas difficile, la lettre étant tellement générale et officielle. Mais ce soir, c'est plus ardu de ne pas demander des précisions à Julien sur sa danse musculaire. Tout en avalant son bœuf bourguignon trop chaud et trop épicé, ça me brûle les lèvres de le sommer de me montrer ses prouesses physiques. Je suis toutefois un bon garçon et je respecte le souhait de mes pères ; je ne parle que de la pluie et du beau temps de ma journée. En fait, j'écoute surtout Alia partager son désarroi sur la note qu'elle a obtenue dans son cours d'art dram. Pourrait-elle en revenir, un peu ? Elle n'en mourra pas, de son 76 %.

Alors qu'un énergumène habillé en cow-boy tente de réussir son poulet tandoori à l'émission qui mériterait d'être rebaptisée *Un souper quasi catastrophique*, je baisse le son et questionne ma jumelle.

— Tu savais, toi, que Papou Julien faisait de la danse musculaire ?

— Ben oui, évidemment.

— T'es sérieuse ?

— T'as oublié ? Sur quelle planète tu vis, toi ? Tu te rappelles pas l'avoir vu danser autour de ça ?

Elle me montre le gros Alien du menton. Le gros Alien, c'est ainsi qu'Édouard appelle le monstre en métal qui dort dans un coin de la cave. C'est une machine à muscles dont personne ne se sert ici, sauf moi. De temps en temps, peut-être à quatre reprises, il m'est arrivé, en cachette, de tirer sur la barre en métal, question de me renforcir. Mais je n'ai jamais vu Julien s'entraîner sur cette machine-là.

— Comment ça tu te rappelles de ça et pas moi ?

— Je sais pas. J'ai une bonne mémoire, moi. Je me rappelle de tout. J'oublie jamais les textes que je dois jouer. C'est pour ça que c'est pas normal que j'aie eu 76 % en art dram. J'étais super bonne dans ma présentation !

Bon, elle remet ça. Moi, j'augmente le son d'*Un souper catastrophique* pour lui couper le sifflet, mais je n'écoute pas le cow-boy s'enfoncer dans le malaise. Je cherche plutôt dans mes souvenirs, et non, sincèrement, je ne me rappelle pas avoir vu Papou danser autour de la machine à muscles. Je me rappelle de lui, dansant partout dans la maison, mais pas ici, en bas, autour du gros Alien. C'est fâchant. Comment se fait-il que ma jumelle, qui a fatalement le même âge que moi, se souvienne d'événements enfouis trop creux en moi ?

À la télé, on vote pour le cow-boy qui a raté son poulet tandoori. Chaque convive écrit le pointage avec des ustensiles. Chaque chiffre va de 1 à 10 (10 étant la perfection). Tous lui accordent un 4, à l'exception d'un invité qui ose lui octroyer un maigre 2, en disposant uniquement des couteaux sur la table. C'est cruel. Son menu devait être un vrai flasco. *Un souper totalement catastrophique* se termine. Alia change de poste.

Une autre téléréalité va commencer.

Mercredi, 3 mai

Nous sommes mercredi. J'aime me dire que le mercredi, c'est le nombril de la semaine. Dans mon cours d'arts plastiques, en début d'année scolaire, notre professeur a souligné que le nombril était le milieu du corps. Eh bien, le mercredi, pour moi, c'est le milieu de ma semaine d'école. C'est la journée que je trouve la plus ennuyante, parce qu'elle n'est ni dans l'excitation de commencer la semaine, ni dans celle de la terminer. C'est une journée ennuyante comme un nombril (je n'ai jamais vu un nombril divertissant, moi !).

Le seul avantage que je vois à ce mercredi-ci, c'est mon cours d'Histoire et géographie avec Cassandre. Cassandre, c'est une fille qui sourit beaucoup. Elle a des fossettes, deux de chaque bord, et je trouve que ça lui donne un petit quelque chose. Elle se maquille peu et j'aime bien ça. Quand je les dessine, les filles sont caricaturées, fardées et séductrices, mais dans la vraie vie, j'aime la simplicité. Des fois, sous le poids des cosmétiques, les filles finissent par ressembler à une peinture.

Cassandre est différente. Elle a beaucoup d'humour. Son bureau est juste à côté du mien. Souvent, quand le cours l'ennuie, elle me demande tout bas, en catimini, de lui révéler le nom des capitales des pays qu'elle me nomme, par défi. Elle est fascinée par mes connaissances en géographie. Je n'y suis pour rien ; Édouard m'a transmis son amour pour les mappemondes, en plus de m'offrir un couvre-lit avec un imprimé de carte du monde que j'aime encore beaucoup trop. Plus jeune, pour jouer, il me lançait des noms de pays, et je devais les pointer le plus rapidement possible sur la carte du monde étalée sur le mur du salon. Je retiens facilement les noms de capitales. En tout cas, mieux que mes souvenirs de Julien dansant autour du gros Alien.

— Quelle est la capitale de la Belgique ?

— Bruxelles.

— Je te crois. Et celle du Brésil ?

— Brasilia.

— Pas Rio ?

— Eh non.

— Ah bon. Celle de l'Italie ?

Eh boy, j'ai un trou de mémoire. J'hésite entre Venise, Rome ou Bologne. J'en ai vraiment aucune idée, mais je veux qu'elle soit impressionnée par moi, alors je réponds une ville le plus vite possible, pour que je sonne crédible.

— Venise.

— OK. Et celle… hum… du Canada ?

— Ottawa.

— C'est pas Montréal ?

— Eh non.

— Alors la capitale du Québec ?

— C'est la ville de Québec.

— T'es sérieux ?

— Oui.

— Eh ben… Qui t'a appris tout ça ?

— Mon père.

— Le petit monsieur qui sourit tout le temps ?

Oh. C'est vrai. Je me rappelle que Cassandre l'a vu, un jour, après l'école. Il était venu me chercher, après une activité d'arts plastiques.

Comment lui expliquer que ce n'est pas de lui, mais de l'autre, que je parle ? Que j'ai deux papas. Amoureux l'un de l'autre. Mes amis le savent. Max et Yannick sont au courant depuis si longtemps, et ils n'y voient rien d'étrange là-dedans. Mais j'éprouve toujours un léger malaise à partager ma réalité avec de nouvelles personnes. La peur de me faire juger, d'essuyer des insultes habituelles et désolantes, comme si leur amour m'avait contaminé. Je n'aime pas mentir, mais parfois, je trouve qu'être évasif, c'est plus simple. Ça m'évite de causer de mauvaises surprises.

Alia gère mieux ça que moi. Quand on lui demande s'il est vrai qu'elle a deux papas, et qu'ils sont amoureux l'un de l'autre de surcroît, elle répond que la rumeur est fondée avec une telle désinvolture qu'elle clôt le bec à n'importe qui. « Avez-vous un problème avec ça ? » qu'elle ajoute souvent, frondeuse. Non, ils n'ont pas de problèmes avec ça. Ils ont intérêt, en fait. Car Alia ne s'en laisse pas imposer. J'aimerais être comme elle. Moi, je suis de nature plus discrète. Je ne suis pas doué pour clore le bec à quiconque.

— Oui, le petit souriant, que je mens.

— Il a l'air super drôle, ton père !

— Il l'est !

Il est vrai que Julien est drôle. Il est du genre à boire du lait en mangeant des chips au ketchup, à se brasser les fesses sur du Lady Gaga et à mêler complètement l'ordre des provinces du Canada. Édouard a habituellement plus de rigueur et de sérieux : il boit surtout de l'eau, ne mange pas de chips, écoute sobrement de la musique classique (sans se secouer le popotin, sauf quand il écoute Renaud) et est imbattable en géographie. Mais, et c'est étonnant, il ne nous a pas remis de lettre, ce matin, à Alia et moi. Et si, une fois de plus, ma jumelle avait omis de me la faire lire ?

Dès la fin du cours de géo, je vais à ma case chercher mon lunch et pars à la recherche de ma sœur, dans la cafétéria. J'insiste auprès d'elle pour être sûr qu'elle n'oublie rien.

— Tu es sûre qu'Édouard ne t'a pas remis de lettre, avant qu'on parte ?

— Sûre et certaine, Arnold. Arrête un peu ! On l'aura ce soir, la lettre ! Faut pas capoter avec ça !

Je dois fixer le métal de ses broches trop longtemps, car Alia se met à paniquer.

— Pourquoi tu me regardes comme ça ? ! Est-ce que j'ai de la bouffe pognée dans les broches ? !

— Non, non.

— Tu me regardais comme si j'avais quelque chose !

— T'as rien.

— Tu me le dirais, si j'avais du brocoli sur une dent ?

— Ben oui, je te le dirais.

Alia est très complexée par ses broches. Un gars dans sa classe de français, Jean-Luc Dion-Moisan (le grand ami de Loïc Longtin, le gars qui me traite de moumoune, tiens tiens !), la surnomme « clôture à foin ». Normalement, elle pourrait lui clouer le bec, mais les broches de ma sœur (*ex æquo* avec ses cheveux qui bouclent à la moindre pluie fine !), c'est la seule chose qui la laisse sans mot. Elle a véritablement honte de sa dentition croche. Si j'étais dans sa classe, je prendrais sa défense, pour une fois, et tenterais de fermer le clapet à Jean-Luc Dion-Moisan. Mais ce n'est pas le cas. Nous n'avons qu'un seul cours ensemble. La direction s'arrange souvent pour séparer les jumeaux en leur imposant des classes différentes. Je ne sais pas pourquoi. Peut-être pour nous permettre de passer moins de temps ensemble ? Ou peut-être pour casser l'unisson habituel des jumeaux ? Pourtant, nous sommes loin de l'unisson parfait, ma sœur et moi.

Je passe la langue sur mes dents, pour déloger un possible morceau de brocoli ou de biscuit. J'ai une dentition toute troublée, moi aussi, mais un peu moins que celle d'Alia. Mes canines à moi aussi veulent s'extirper de ma bouche, prendre leur envol et faire leur propre vie. Mes canines, restez, je vous prie ! Le dentiste m'a proposé de faire de la pression sur elles pour qu'elles demeurent. Son idée : chaque fois que je regarde la télé, je dois presser sur mes canines avec mon pouce et mon index. Pour qu'elles réintègrent leur place, au centre de mes gencives. C'est pour m'éviter de porter des broches, comme ma jumelle. Disons que ça ne m'intéresse pas trop, mais je fais de grands efforts, devant les téléréalités que choisit Alia. Pendant que les doigts de ma sœur pianotent sur la télécommande (c'est toujours elle qui en a le contrôle !), les miens appuient sur mes canines. En fait, mes doigts appuient tellement fort que mes dents s'impriment en permanence dans mon pouce et mon index. Mais il faut ce qu'il faut ; je n'ai pas envie d'être une « clôture à foin » !

Au retour de l'école, une lettre nous attend sur la table. C'est au tour de Poupa Édouard de nous raconter son enfance.

L'ENFANCE D'ÉDOUARD

Arnold et Alia,

C'est moi, Poupa Édouard, qui vous écris aujourd'hui. J'ai lu la lettre de Papou hier, et j'ai été forcé d'admettre qu'à défaut d'avoir un français impeccable (j'ai corrigé une quantité effarante de fautes grammaticales, d'orthographe ou même de syntaxe), il a beaucoup de style. Sa langue est colorée comme sa personnalité, et son verbe est heureux comme ses yeux. Je veux simplement vous mettre en garde ici : vous risquez de trouver ma lettre hautement moins divertissante que la sienne. Vous le savez depuis bientôt 13 ans, après tout : je ne suis pas divertissant comme Julien !

Mais puisqu'il le faut, je plonge à mon tour. Je tenterai d'y mettre autant d'amusement que la lettre de Julien. Allons-y avec ma genèse.

Je suis né le 19 août il y a une quarantaine d'années. J'ai toujours été le plus grand de la classe. Sur les photographies scolaires, celui qu'on prenait pour l'enseignant, debout, derrière, c'était moi, systématiquement. Et j'en étais très gêné. Il n'y a qu'à voir le genre de sourire que j'affichais sur ma photo de classe pour le comprendre. (Moi aussi, j'ai joint à ma lettre une photographie scolaire. Vous pourrez à votre guise rire de moi. D'ailleurs, la semaine passée, quand j'ai montré à Julien la photographie que j'avais retenue pour cette lettre, il a éclaté de rire de manière déraisonnable. Heureusement que je ne suis pas trop susceptible. Je vous demanderais seulement de garder la photo pour vous. Je peux accepter d'être la risée de notre petite famille, mais pas plus !)

Je précise ici qu'enfant, je n'aimais pas être le plus grand. J'avais l'impression d'être une mauvaise herbe qui prenait toute la place. Alors je me courbais un peu. Mais un jour, j'ai commencé à apprécier ma situation de grande personne. Pouvoir rire de mes amis en leur volant leur journal intime et en l'agitant dans les airs. Pouvoir faire tous les manèges des parcs d'attractions à sept ans. Pouvoir acheter de la bière à l'épicerie à quinze ans. Et même, maintenant, pouvoir rendre service à l'épicerie à une petite personne incapable d'atteindre la dernière étagère de boîtes de céréales. Une personne comme votre Papou, par exemple. Pour illustrer un moment de mon enfance, j'ai choisi un état général, plutôt qu'un événement précis. Je devais avoir autour de sept ou huit ans quand j'ai pris conscience de ma différence. Je jouais avec les enfants du voisinage dans une ruelle de Montréal. J'avais l'impression d'habiter dans une grande ville remplie d'extraterrestres. Je croyais alors que tous mes voisins étaient des *aliens*. Quand ils saignaient, ce n'était pas du sang comme moi. Mon sang était rouge foncé, comme du sang normal, du sang comme les êtres humains à la télé. Celui des autres enfants était fluo. Oui, oui : du sang fluo, du sang de dessin animé. Quand les voisins tombaient sur leur genou ou sur leur coude, ils cachaient leur plaie et couraient à la maison pleurer dans les bras de leur maman. Puis, ils revenaient toujours avec du sang d'extraterrestre. Du sang fluo de dessin animé. Je faisais un plus un. Je voyais bien que mes voisins n'étaient pas de vrais êtres humains.

Mais le problème, c'est qu'ils étaient tous comme ça. Ils étaient tous anormaux. J'étais le seul à être normal. C'était embêtant. Ça me faisait me poser plein de questions.

Au fond, c'était peut-être moi qui n'étais pas normal ? C'était peut-être mon sang à moi qui était trop foncé ?

J'en suis venu à faire cette déduction : la vérité, c'était que le sang des êtres humains, ce n'était pas rouge foncé, mais rouge fluo. Ça se pouvait, pour moi, ça. Ma mère, grand-maman Aubert, nous disait toujours à mes sœurs et moi de ne pas croire ce que l'on voyait à la télé. Peut-être parce qu'ils mettaient du faux sang rouge foncé, pour pas faire peur aux téléspectateurs remplis de sang rouge fluo ? C'est absurde, je sais. Mais c'est ce que je me disais, alors.

Je croyais que ça voulait dire que je n'étais pas un être humain. Que c'était moi, le vrai extraterrestre. C'était moi, le *alien*, dans cette histoire-là. Je n'avais pas envie qu'ils se rendent compte que je n'étais pas comme eux. C'était mon secret. On ne devait pas voir mon sang. Il me fallait me protéger, me préserver. Je ne devais pas, sous aucun prétexte, me blesser. Ou des blessures à l'intérieur seulement. Des hématomes, c'était envisageable. À la rigueur, une petite hémorragie interne aussi. Mais personne ne devait voir mon sang d'extraterrestre. Même pas mes parents.

Un jour, j'en suis venu à faire une nouvelle déduction. Je me disais : « mais si je suis leur fils, peut-être qu'eux autres aussi, ce sont des extraterrestres ? » Je m'étais donc mis à les guetter. Je leur souhaitais de se blesser, pour en avoir le cœur net. Je regardais mon père se raser la barbe et je plissais les yeux en invoquant les cieux pour qu'il se coupe. Je regardais ma mère couper les carottes et je plissais les yeux en invoquant les cieux pour qu'elle se coupe. Je voulais voir si mes parents étaient des extraterrestres comme moi.

Ce jour-là, le ciel m'avait écouté. Mon père et ma mère s'étaient tous deux coupés. Ils s'étaient mis à saigner rouge foncé. Comme moi. Leur sang n'était pas fluo. J'étais soulagé ; je n'étais pas le seul extraterrestre du quartier.

Le même jour, mon attention s'était tournée vers mes quatre grandes sœurs. Déduction toute simple : si mes parents étaient des extraterrestres, et qu'ils avaient mis au monde un petit gars extraterrestre, sans doute que mes grandes sœurs aussi étaient des extraterrestres ! Élémentaire, mon cher Watson !

Le hasard faisait bien les choses : les quatre étaient menstruées. À l'époque, dans ma tête d'enfant, les menstruations de mes grandes sœurs étaient quelque chose de flou, mais je savais que ça incluait des saignements. Je m'étais donc aventuré à fouiller dans leur poubelle. Horrible, je sais. Je n'y avais trouvé que des serviettes sanitaires avec du sang d'extraterrestre rouge foncé, comme le mien ! C'était évident à présent : les Aubert, on était une grande famille d'extraterrestres. Les vrais *aliens*, c'étaient nous autres !

...

Ce que je ne savais pas encore, c'est que le sang fluo des voisins, c'était du mercurochrome rouge. À l'époque (et même encore souvent aujourd'hui, me dirait Julien), les mamans en appliquaient toujours sur les coupures que se faisait leur enfant. Le mercurochrome est un désinfectant qui ressemble à du sang fluo. Donc, pas vraiment à du vrai sang. Si j'avais connu Julien quelque temps avant ma terrible découverte (que j'étais le descendant d'une lignée d'*aliens* !), je l'aurais sans doute pris pour un extraterrestre, parce que oui, sa mère, grand-maman Morin, lui appliquait toujours du mercurochrome rouge sur ses coupures. Mais pas ma mère à moi. Non. Grand-maman Aubert, elle, désinfectait mes blessures avec du savon doux et de l'eau. Je ne veux pas signifier ici qu'elle était mieux informée que les autres mères, mais il est vrai qu'il n'est plus du tout recommandé d'utiliser du mercurochrome pour soigner des plaies. Au contraire…

Bon. Je vais faire taire ici mon clavier, parce que je sais pertinemment que Papou Julien ne la trouvera pas bien drôle, cette anecdote. Et encore moins mes explications.

Alors, voilà, mes enfants. Vous en connaissez un peu plus sur moi. Si vous n'avez pas été divertis, ce n'est pas de ma faute : je vous avais prévenus que je suis moins drôle que Julien !

Édouard

xx

Je lis la lettre d'un trait avant de la tendre à Alia. Dès qu'elle termine de la lire, je la relis, cette fois seul dans ma chambre. Ça me fait bizarre de voir Édouard si vulnérable. Mon Papou Julien, ça me surprend moins. Il n'hésite pas à montrer ses faiblesses, parfois même à les étaler (il clame être un piètre cuisinier, avoir un mauvais cardio, ne rien comprendre à la politique, et il semble fier de ne toujours pas avoir de permis de conduire). Édouard, c'est différent. Il est plus solide. Je l'imagine mal se sentir extraterrestre.

Pour moi, Poupa Édouard est le surhomme du clan Morin-Aubert.

Moi, je suis un réel mélange de mes deux papas. J'ai un côté solide comme Édouard, et un autre plus empoté, comme Julien. Le Schwarzy que je dessine et peaufine depuis près de quatre mois part de moi. C'est moi en plus fort, en plus *blindé*. Moi, enseveli sous une montagne de muscles. Par définition, un superhéros se doit d'avoir des supers pouvoirs. Comme il s'inspire à même ma vie, je le dessine avec les dents légèrement croches et nu-pieds, avec une excroissance surhumaine à la deuxième phalange. Je précise ici que la seule chose que j'aie de puissant, c'est mon deuxième orteil. Il est plus long que les autres. Le deuxième orteil de mes deux pieds est ainsi (pour Alia et Papou Julien aussi…). Je m'en inspire donc pour rendre Schwarzy le plus unique possible. Avec ses deuxièmes orteils puissants et indestructibles, il est capable d'écraser n'importe quoi, n'importe qui. Personne n'ose s'attaquer à lui. Et ceux qui le cherchent le trouvent. Un coup d'orteil de Schwarzy les pulvérise. Tant pis pour eux.

Je regarde mes ongles d'orteils. Ils sont longs. On dirait bien que je suis dû pour me les ronger.

Avant d'aller au lit, je consulte Internet, pour m'assurer que Venise est bien la capitale de l'Italie. Oups. C'est Rome. Je vais avoir l'air ridicule devant Cassandre, si elle apprend que j'ai menti. J'étais supposé l'impressionner avec de bonnes réponses : pas en disant n'importe quoi.

Je vais aller me coucher, drapé de honte, le corps écrasé par ma couverture en mappemonde. Connaître les capitales de tous ces pays qui m'enveloppent, c'est un vrai travail de superhéros professionnel !

Jeudi, 4 mai

Ce matin, pendant que j'engloutis mes délicieuses Froot Loops, Alia remue ses Honeycomb sans appétit. Elle noie les céréales dans le lait, mais n'avale rien. Édouard, mon superhéros de la géographie, s'inquiète et prend des nouvelles de son front avec le revers de sa main. Il le trouve légèrement chaud, mais selon lui, il n'y a pas de trace de fièvre. « J'ai seulement mal à la gorge », affirme ma jumelle. Julien est presque heureux de sortir son fameux sirop aux bananes. À part lui, personne de la maisonnée n'aime la saveur des bananes. Mais voilà : c'est Julien qui achète le sirop, alors il choisit égoïstement la saveur qu'il préfère. Ce qui est le plus surprenant, c'est qu'on ne le voit jamais manger de ce fruit. En fait, il n'aime que le goût dérivé de la banane. La saveur artificielle. Il remplit le congélateur ou la dépense de crème glacée à la banane, de gâteaux aux bananes, du jus de banane, de bonbons à la banane, de vitamines à la banane, sans oublier son fameux sirop à la banane.

Nous, les bananes, ça nous lève le cœur. Alia et moi, à cause de ce sirop maudit, nous associons cette saveur à la maladie. Pas étonnant que nous n'avalions jamais les bananes que nos papas rapportent de l'épicerie. Les bananes finissent toujours par brunir sans que personne ne les mange. Et avant qu'elles deviennent noires, Édouard se sacrifie et les avale, rempli de dégoût. Il déteste le gaspillage presque autant que son mari adore acheter des bananes. « C'est plein de potassium, c'est parfait pour les enfants ! » qu'il répète toujours à l'épicerie.

Pendant qu'il verse le sirop dans une cuillère sans visou (la moitié tombe dans l'évier), je lui demande s'il sait quelle est la capitale de l'Italie. S'il dit que c'est Venise, c'est assurément lui mon vrai père.

— Hum. Barcelone, peut-être ?

Bon, ben j'ai ma réponse !

— Papa, Barcelone, c'est en Espagne.

— Oups. Demande donc à Édouard. Y est meilleur que moi dans ces affaires-là !

— Non, non. C'est beau. Je sais déjà que c'est Rome.

— C'est quoi, tu cherches à me piéger, mon p'tit vlimeux ! Arrête de rire de ton père ! ordonne-t-il sans autorité. Pis toi, Alia, avale ça !

Ma sœur grimace en avalant sa cuillerée de sirop. Je la connais bien. Je sais pourquoi elle a la gorge en feu ;

ça a à voir avec sa décevante note en art dramatique. Elle ne la digère toujours pas. Julien glisse dans son sac une poignée de pastilles à la banane ainsi que la dernière lettre qu'il vient d'achever. À l'arrêt de bus, c'est moi qui en fais la lecture à voix haute, puisqu'Alia cherche à protéger son reste de voix.

NOTRE RENCONTRE, selon Julien

Mes beaux enfants gracieux,

Vous allez finir par grandir et tomber amoureux de quelqu'un ou quelqu'une, comme je suis tombé amoureux de votre Poupa. Je devrais même écrire : comme je suis tombé *férocement* amoureux de lui. Mais ça, vous le saurez en temps et lieu. Mouhahahaha (je suis terrible !).

Vous allez vous rendre compte que la première chose qu'on remarque de l'être aimé, c'est toujours une niaiserie. Puis, la niaiserie s'avère souvent une porte entrebâillée sur plus grand. On a donc accès à quelqu'un par une niaiserie qui nous fait sourire ou nous émeut, et après, en ouvrant plus grand avec son pied, on découvre la personne en entier. Et souvent, cette personne nous fait sourire et nous émeut au complet. (*My god*, je m'impressionne moi-même en écrivant ça ! Je suis un vrai poète, au fond !)

Moi, la première chose que j'ai remarquée d'Édouard (la niaiserie...), c'est son pouce. Son très gros pouce enrobé d'un pansement de petite fille. Un *plaster* rose pâle avec des fleurs sur son gros pouce. Le contraste était profondément touchant. Votre Poupa, grâce à ce pansement fleuri, je l'ai longtemps appelé Petite Fleur (C'est drôle, hein ! ? Je regrette d'avoir cessé de le surnommer comme ça… L'écrire me donne envie de recommencer à l'appeler Petite Fleur.)

Là, je vous entends d'ici me demander : « mais c'était où, coudonc ? »

Patience, patience (hihihihi, vous en avez presque pas : comme moi !).

Édouard et moi, on aurait pu se rencontrer à l'épicerie du coin. Je lui aurais demandé d'atteindre la boîte de céréales sur la dernière étagère, trop haute pour moi. Quand il m'aurait tendu la boîte, nos doigts se seraient effleurés et ça aurait créé quelque chose. Quelque chose de doux.

On aurait aussi pu se rencontrer à la garderie où je travaille. Il aurait pu passer chercher une de ses 800 nièces que j'aurais pu garder. Une de vos cousines. Julie, par exemple. J'aurais ouvert la porte à Édouard et ses yeux auraient plongé direct dans les miens. Ça aurait créé quelque chose. Quelque chose d'électrique.

Mais ce n'était pas une épicerie. Non. C'était un peu plus divertissant qu'une épicerie.

Ce n'était pas ma garderie non plus. C'était un peu plus « adulte » que ma garderie. C'était… un bar discothèque ! Poupa n'avait évidemment pas bu (il est plaaaaaaaate !), alors que moi, j'étais très pompette. Je ne serais pas prêt à dire que j'étais soûl comme une botte, mais disons que j'étais rendu au stade où je riais un peu pour rien ! Je fêtais avec Marraine Sandrine l'obtention de son diplôme en génie mécanique. J'avais donc une excellente raison de fêter ; vous savez bien que la hippie est ma *best friend* depuis toujours !

De son côté, Édouard, qui était totalement sobre, essayait de danser avec un de ses voisins d'enfance. Un quelconque *alien* au sang fluo. Le destin nous a placés tous les deux, un soir, sur la même piste de danse. C'était un vendredi 13. Attention : ça ne nous a pas porté malheur ! Au contraire ! Mais comme c'était un vendredi 13, il est arrivé ce qu'il devait arriver. Eh oui : Édouard m'a cassé la deuxième orteil.

Je vous ai retranscrit le dialogue que je me rappelle avoir eu avec votre Poupa. J'avoue : je ne suis pas sûr sûr sûr que ce sont les mêmes répliques que dans le temps. Soyez indulgents avec votre vieux Papou, ça remonte à presque quinze ans ! Mais l'essentiel est là. Ma mémoire n'est pas si vilaine que ça !

Pour vous aider à imaginer la scène de notre rencontre, pensez à nous deux en train de crier sur une piste de danse. Oui oui : crier. La musique était tellement forte que nous n'avions pas d'autre choix pour se faire entendre. Pour que vous viviez bien notre rencontre, faites jouer la chanson *What is love* de Haddaway (un chanteur de musique dance trinidadien à ne pas confondre avec Anne Hathaway, la belle comédienne américaine qui a gagné un Oscar pour avoir pleuré comme un veau dans la comédie musicale pas comique pantoute *Les Misérables* !). *What is love* était un gros succès des années 1990. C'est elle, la chanson de notre rencontre. Oui oui : *What is love*. Vous avez dit *prémonitoire* ?

ÉDOUARD — Ça va ? Je t'ai accroché, je pense.

MOI — Tu m'as pilé sur la deuxième orteil.

ÉDOUARD — Quoi ?

MOI — Tu m'as pilé sur la deuxième orteil. C'est mon orteil la plus longue. C'est un signe d'intelligence, il paraît. C'est mon amie ici qui dit ça !

ÉDOUARD — Quoi ?

MOI — Avoir la deuxième orteil plus longue que la première, c'est un signe d'intelligence.

ÉDOUARD — De quoi tu parles ? La première ? La deuxième ? J'entends mal.

MOI — Mes orteiiiiiiils !

ÉDOUARD — Ahhhh ! C'est que c'est pas « une » orteil. C'est « un ». « Orteil », c'est masculin.

MOI — Qu'est-ce que t'as dit ? Que tu me trouves masculin ?

ÉDOUARD — Non, euh… je sais pas. Je voulais te dire que ton orteil est masculin.

MOI — Ah. OK. Et je suis moins masculin que mon orteil ? Hahahaha !

Là, j'avais enfin réussi à faire rire votre Poupa.

ÉDOUARD — Je sais pas.

MOI — Tu fais quoi dans la vie ?

ÉDOUARD — Professeur.

MOI — De français ?

ÉDOUARD — Non, de science.

MOI — Fiou ! Tu serais mal tombé. Je passe mon temps à faire des fautes d'orthographe.

ÉDOUARD — Je passe mon temps à corriger mes élèves.

MOI — On sort un peu ? La musique est trop forte.

ÉDOUARD — Je te suis.

Bon, c'est là que j'ai tiré Poupa jusqu'aux toilettes de la discothèque. On entendait un gars qui vomissait dans une cabine. C'était un peu dégueu, mais en même temps, ça nous a fait rire. Un beau rire complice. La musique de Haddaway continuait, mais plus sourde. J'avais l'impression que le plancher vibrait sous nos pieds. Que *What is love* étendait ses ondes, ses tentacules jusque dans le prélart des toilettes publiques. C'était aussi peut-être juste l'alcool qui m'étourdissait. On se disait rien. On se regardait. Je pense que je souriais un peu sottement. Je trouvais votre Poupa tellement beau. Un moment donné, il s'est gratté le nez, et c'est là que j'ai remarqué son pansement rose pâle avec des fleurs. J'ai été à la fois ému et intrigué.

MOI — Tu t'es blessé ?

ÉDOUARD — Hein ? Non. C'est toi qui es blessé.

MOI — Ton pouce. T'as un pansement. Avec des petites fleurs roses.

ÉDOUARD — Ah oui. Je me suis coupé tantôt.

MOI — En faisant quoi ?

ÉDOUARD — Je coupais des carottes pour la salade.

MOI — Oh. Ça te serait pas arrivé si tu avais mangé du chocolat. Ça se coupe tout seul, du chocolat.

Et comme ça m'arrive souvent, je m'étais mis à rire tout seul. Poupa ne riait pas, lui. Il devait être occupé à me juger… J'avais interrompu mon rire, alors. Je m'étais maîtrisé.

MOI — Et pourquoi un pansement avec des petites fleurs ?

ÉDOUARD — J'étais chez ma sœur pour souper. Je l'aidais à préparer le repas. C'est ma nièce qui m'a soigné avec sa trousse de premiers soins. Julie. Elle a 7 ans.

MOI — Ah, c'est *cute*.

ÉDOUARD — Hum.

MOI — T'aimes les enfants ?

ÉDOUARD — Oui. Pourquoi ?

MOI — Moi, je les aime tellement que je travaille en garderie.

ÉDOUARD — Oh.

MOI — J'en voudrais deux. Idéalement. Sinon trois.

ÉDOUARD — Oh.

MOI — Pas toi ?

Je pense que c'est là que j'avais commencé à vraiment mettre Poupa mal à l'aise.

ÉDOUARD — Ton orteil, ça va ?

MOI — Je pense que tu me l'as cassée. C'est ma deuxième orteil.

ÉDOUARD — « Orteil », c'est masculin.

Je m'en foutais pas mal, du genre du mot « orteil »...

MOI — Ouin. Ben tu me l'as cassée, je pense.

ÉDOUARD — Je suis tellement désolé.

MOI — Bah, c'est pas grave. Je suis habitué. Je me la fracture une fois par année, à peu près. J'étais dû, j'imagine. Elle est trop longue, c'est pour ça. Elle s'accroche partout.

ÉDOUARD — « Orteil », c'est masculin. Tu me montres ?

MOI — Mon orteil ? Non, c'est trop intime.

ÉDOUARD — Tu trouves ça intime de montrer tes orteils ?

MOI — Très.

ÉDOUARD — Tu portes jamais de sandales ?

MOI — Jamais devant un étranger. Pourquoi tu veux la voir ? Tu es médecin en plus d'être prof ?

ÉDOUARD — Non. Je suis juste curieux. Je suis un scientifique.

MOI — Tu as pilé sur mon orteil par accident ou pour m'aborder ?

ÉDOUARD — Par accident, évidemment.

MOI — Oh, c'est dommage. J'aurais aimé ça, comme entrée en matière.

ÉDOUARD — J'essayais de danser. Je suis un peu lourdaud.

MOI — Tu es un grand garçon, c'est normal. Ça t'en fait plus à gérer.

ÉDOUARD — Pas comme toi. Tu danses comme un danseur professionnel.

Je suis devenu hyper-touché. Un gars que je trouvais beau comme un petit dieu de la Casa grecque trouvait que je dansais comme un danseur professionnel ! Wow.

MOI — C'est ben fin ! T'es tout pardonné d'avoir cassé ma deuxième orteil.

ÉDOUARD — C'est quand que tu te décides à dire « *un* orteil » ?

MOI — Je déteste pas ça, que tu me corriges.

Il y a eu un bruit de chasse d'eau. Le gars qui vomissait sa vie dans la cabine tout près de nous en avait fini avec son humiliation. Il a émergé de la cabine, est passé se gargariser avec l'eau du robinet, et il est sorti des toilettes comme si de rien n'était. J'ai profité de ce moment d'accalmie pour montrer à votre Poupa mon orteil. De mémoire, il a hurlé. La longueur de mon orteil a toujours surpris tout le monde !

ÉDOUARD — Il est ben long !

MOI — Je sais. Je suis un *alien*.

ÉDOUARD — On dirait que ça enfle. Tu devrais aller à l'hôpital, non ?

MOI — Bah non. De toute façon, il y a plus de métro. Je vais pas prendre un taxi pour ça.

ÉDOUARD — Ce serait plus responsable d'y aller, il me semble. Tout à coup qu'il y a des complications. Je peux t'y conduire. J'ai une voiture. J'ai pas bu. Juré.

MOI — Toi, tu sors pis tu bois pas ?

ÉDOUARD — Je préférerais t'emmener à l'hôpital. C'est moi qui t'ai blessé. C'est normal que je fasse ma part pour te guérir.

MOI — Si tu insistes.

ÉDOUARD — J'insiste. Tu avertis ton amie ?

MOI — Non, pas besoin, je pense qu'elle a rencontré quelqu'un… Elle est chanceuse, hein ?

ÉDOUARD — Hum hum, pas mal chanceuse.

Et votre Poupa m'a emmené à l'hôpital. Et je me suis laissé faire.

Par la suite, Édouard m'a fait savoir que j'aurais dû lui dire que ce n'était pas la procédure habituelle d'aller à l'hôpital pour une orteil fracturée. Que ça guérissait tout seul. Il ne s'y connaissait pas, à ce moment-là, en orteils fracturées (maintenant, il est un fin connaisseur, avec mes orteils et moi dans sa vie !).

Je n'ai rien dit parce que j'avais envie de passer le reste de la nuit avec lui. Je peux parfois être ratoureux comme ça !

Votre papa ratoureux,
Papou Julien
xxx

J'attends la récréation du midi pour aller à la bibliothèque me connecter à Internet. Sur YouTube, je tape *What is love*. J'écoute le tout avec mes écouteurs, pour ne pas attirer l'attention autour de moi. Lettre en main, je m'amuse à jouer dans ma tête les répliques de la rencontre de mes papas sur la drôle de musique *dance*. C'est très entraînant. Tellement que je ne peux pas m'empêcher de marquer le tempo avec mon pied.

Je sens des épaules remuer près de moi. C'est Cassandre qui se paie ma tête. Ses doubles fossettes ressemblent à des guillemets qui citeraient son joli rire. Je retire mes écouteurs pour l'écouter.

— T'écoutes du gros boum boum ! C'est ton genre de musique, ça ?

— On entend ce que j'écoute ?

— Le volume est dans le tapis.

What is love joue en sourdine, comme lorsqu'on s'éloigne d'une discothèque et que la rumeur de la musique se profile jusque dans la toilette. La bibliothécaire me jette un regard désapprobateur. J'appuie sur pause.

— Tu m'as pas répondu : t'aimes la musique *dance* ?

Je ne sais pas. Je ne me suis jamais posé la question, honnêtement.

— Un peu. Toi… ?

— J'adore ! Je peux passer des soirées à danser sur les succès des vieux CD de mes parents. Mon préféré, c'est *Dance Mix'94*. Tu connais *Finally* de CeCe Peniston ?

— Non.

— C'est vraiment bon. Ça se danse vraiment bien.

— T'aimes danser ?

— Oui, vraiment ! Je danse au sous-sol. Mon père m'a construit un studio juste pour moi.

— *Cool.*

— Toi, t'aimes danser ? me demande Cassandre.

— Un peu.

C'est un mensonge. Quand il y a de la musique, je ne sais pas quoi faire de mon corps. Le mieux que je peux faire, c'est battre *approximativement* la mesure avec le pied. Je change de sujet et demande à ma collègue de classe quel livre elle est venue emprunter. Elle brandit fièrement son bouquin – une histoire d'amour, si je me fie au titre – comme si elle en était l'auteure.

— Tu lis quoi, toi ? Une lettre d'amour ? rigole Cassandre en montrant la missive signée par Papou qui repose grande ouverte sur le clavier.

C'en est une, lettre d'amour, mais je préfère préserver le mystère. Je ne veux surtout pas qu'elle pense que mon cœur est pris ailleurs. La place est vacante. Alors je choisis de tourner ça à la blague. Je dis la première niaiserie qui me vient à l'esprit.

— C'est la dernière lettre que j'ai reçue de mon *Fan Club.*

— Wow, t'as un *Fan Club* ! T'es populaire ! Et on vante tes mérites de bédéiste ?

— Hein ? Tu sais que je fais une BD ?

— Tu passes ton temps à dessiner des bonshommes, pendant le cours de géo ! Et t'écris des trucs dans des bulles au-dessus de leur tête.

— Ça s'appelle des « phylactères », que je précise par réflexe.

— C'est ben bizarre comme mot.

— J'avoue…

— Tu me montres ta BD ?

— Peut-être une fois, quand je serai plus avancé…

Et parce qu'elle n'est pas spécialement gênée, Cassandre plonge la main dans mon sac, à mes pieds, et en sort mon cahier avec mes ébauches de Schwarzy. Mes modestes cris de protestation (nous sommes dans une bibliothèque, quand même !) ne la freinent pas, bien au contraire. Non, mais quelle fille dégourdie !

Elle écarquille les yeux et, le sourire aux lèvres, elle contemple ce qui a émergé de mon imaginaire depuis quelques mois. À mesure qu'elle tourne les pages, ma fierté gagne le pas sur ma gêne.

— Wow ! J'aime ça ! Il a l'air fort, ton bonhomme…

— Schwarzy, qu'il s'appelle.

— C'est un gentil ou un méchant ?

— Un gentil, évidemment.

— C'est quoi, son superpouvoir, à ton Schwarzy ?

— Il est capable d'étrangler à mort avec son deuxième orteil.

— Comment ça ? se marre Cassandre.

— Son deuxième orteil est vraiment très long. Il s'en sert pour tuer les méchants, quand il a déjà les deux bras occupés. C'est pour ça que son surnom, c'est *The Octopus* ! « Pieuvre », en anglais. Parfois, il met une lame sur son ongle d'orteil, et se sert de son pied comme d'un poignard.

— C'est astucieux.

Ma collègue de classe parcourt mes esquisses. Elle semble intéressée. Si elle ne l'est pas, elle est bonne comédienne, comme ma sœur.

— Les mesdames sont pas mal sexy ! C'est ça, ton genre de fille ?

— Hein ? Non ! que je réponds trop vite, et trop vivement. J'aime… j'aime les filles… normales.

OK. Pis c'est quoi, une fille « normale » ?

— Ben… pas tant… pas séductrice. Normale, là. Avec des cheveux bruns. Une fille qui sourit.

— Ah bon, sourit Cassandre, consciente d'avoir toutes les caractéristiques que je balbutie, pris au dépourvu.

Ses fossettes sont plus creuses que jamais. C'est vraiment beau. Elle replonge dans mon cahier qu'elle termine de feuilleter, dans le silence. Puis, elle le remet à sa place, dans mon sac. Petite déception. J'aurais voulu la regarder contempler mes dessins le reste de la journée.

— On s'inscrit où ? demande-t-elle.

— Pour… ?

— Pour faire partie de ton *Fan Club*. Ça m'intéresse. Je vais peut-être moi aussi t'écrire une lettre. Qui sait ?

Et Cassandre file au comptoir des prêts avec son roman d'amour. Je remets mes écouteurs dans mes oreilles. *Play*.

What is love reprend. Mais je n'écoute plus la chanson. Je pense juste à un sourire entre guillemets.

• •

— Si c'est pas ma hippie préférée ! crie Julien, en joie.

Tous les jeudis soirs, et ce, depuis toujours je crois, Marraine Sandrine vient souper à la maison. Mais depuis quelques semaines, elle arrive après le dessert, suivant des cours de natation pendant que nous, nous mangeons. Fidèle à elle-même, elle arrive chargée comme un mulet. Elle porte toujours des sacs à n'en plus finir. Souvent, il s'y trouve des cadeaux pour Alia et moi. Des trucs qu'elle a dénichés dans un coquet Village des Valeurs ou à la prestigieuse boutique Renaissance : une veste (avec une déchirure à l'aisselle) qui lui fait penser à ma sœur, ou un assortiment de crayons-feutres usagés (qui n'écrivent plus beaucoup) pour moi. Sandrine est une ramasseuse qui aime gâter ses proches avec des cochonneries, comme le dit Julien, son meilleur ami.

Ce soir, pas de cadeau pour Alia et moi. Des cadeaux pour elle-même !

— J'ai les bras morts ! Je suis passée à la pharmacie après mes cours. Je suis allée m'acheter un pèse-personne.

— Pour que c'est faire ? demande Papou, utilisant une langue aussi colorée qu'elle, par mimétisme.

— Imagine-toi donc que j'ai pété ma balance, la semaine passée. Je l'ai pas défoncée, là ! Je l'ai juste déréglée, je pense. Elle indique toujours dix livres de plus. C'est assez achalant, se croire plus grosse que ce qu'on est ! Un moment donné, une fille se tanne, de se faire insulter chaque matin ! Fait que je m'en suis acheté une nouvelle, toute belle et précise ! Mais là, dans l'allée, vers la caisse, je suis tombée nez à nez avec des chips BBQ. Une piasse le sac ! UNE piasse ! C'était en spécial pas à peu près ! Fait que j'en ai acheté une *trâlée.* Dix sacs ! J'ai une réserve pour au moins un mois !

Julien éclate de rire.

— T'aurais pu garder ton ancienne balance. Avec les dix sacs de chips, tu vas les avaler, les dix livres qu'il te manque pour être raccord avec la sentence de ton pèse-personne !

— Je me suis trouvée drôle, aussi, d'acheter des chips avec ma balance ! Je me suis fait un *selfie* pis je l'ai mis sur Facebook ! J'ai déjà 23 likes ! Regardez !

Marraine Sandrine brandit son iPhone et nous montre une photo enthousiaste : elle, une balance et des sacs de chips en solde. Sur la photo, elle a les cheveux tout mouillés parce qu'elle venait tout juste de sortir de la piscine. Les cours qu'elle prend sont donnés les jeudis soirs chez *Sirènes d'un soir*. C'est-à-dire qu'elle nage en sirène, après s'être enfilé une grosse queue de poisson, de la poitrine aux pieds. Normalement, la queue d'une sirène commence à la taille, sauf que chez *Sirènes d'un soir*, les costumes sont ainsi faits. Mais l'élément le plus surprenant de son accoutrement aquatique c'est la monopalme, dans laquelle elle doit glisser ses deux pieds. Une monopalme, ça travaille les muscles abdominaux et le cardio. Pour le moment, on n'en voit pas nécessairement les traces sur le corps de Marraine Sandrine, mais ça viendra, qu'elle passe son temps à nous dire.

— T'aurais pu t'acheter un séchoir en même temps ! Le tien doit être pété lui aussi ! se moque Julien.

— Ben non, je sors de la piscine ! Je me suis pas séché les cheveux. Comme une vraie sirène.

— C'est quand tu nous montres tes talents en nage synchronisée ?

— Jeudi soir prochain ! On fait un petit spectacle de notre chorégraphie de sirènes. Vous êtes les bienvenus, si vous voulez venir rire de moi.

— Certain qu'on va venir rire de toi. Hein, les enfants ? rigole Édouard.

— Moi, je veux y aller, mais pas pour rire de toi, Marraine. Pour t'applaudir, dit ma téteuse de sœur.

— T'es fine, mon trésor.

Julien et Marraine se mettent à discuter ensemble, comme s'il n'y avait personne autour. C'est ce que ça fait, des meilleurs amis. Ça s'isole à deux, même dans un groupe de gens.

— Y a-tu des hommes sirènes, dans tes cours ?

— Oui ! Y en a un !

— Pour vrai ? Gai ou hétéro ?

— Hétéro !

Pffff, me semble.

— Il est marié, Julien. Il prend des cours avec sa femme.

— J'aurais peut-être dû m'inscrire, si c'est ouvert aux hommes…

— Y est pas trop tard. Dans deux semaines, c'est le début de la nouvelle session. Viens nous voir en *show* la semaine prochaine, pis si tu aimes ça, tu commences à faire la sirène la semaine d'après. *Deal ?*

— *Deal !* T'as entendu ça, mon amour ? Je vais peut-être être une sirène, moi aussi ! s'extasie Julien à l'endroit d'Édouard, qui soupire fort.

— Si tu deviens une sirène, je demande le divorce.

— Pffff. *Come on*. J'ai ben trop de belles jambes pour que tu demandes le divorce !

Et sur cette déclaration, Julien remonte son bas de pantalon pour révéler ses beaux gros mollets de super-héros. Édouard ignore l'exhibitionnisme de son mari et change habilement le sujet.

— Bon, on joue à quoi, ce soir ?

Le jeudi soir, c'est non seulement la visite hebdomadaire de Marraine Sandrine, mais c'est aussi notre soirée *jeu de société*. Alia et moi sommes contraints de faire une pause dans notre ingurgitation de téléréalités pour passer la soirée avec nos géniteurs. Mais sincèrement, c'est toujours des soirées enlevantes, où nous rions beaucoup. La semaine dernière, nous avons joué à Cranium, l'autre d'avant Monopoly, et il y a trois semaines, on a ri comme des fous en jouant à Taboo.

Ce soir, c'est Scattergories. Comme toujours, on a droit aux drôles de prises de bec entre nos papas. À « Choses que l'on jette » avec la lettre « a », Marraine Sandrine est contente d'avoir écrit « armes ». « Jeter les armes », c'est vrai. C'est une expression ! Édouard, même s'il est plus discret, dissimule mal sa joie d'avoir écrit « ancre ». Julien est fier de le corriger.

— « Encre », ça s'écrit avec un « e », mon amour ! Ha ! Ha ! Ha !

— Non, chéri. Une « ancre ». Avec un « a ». Pas de l'encre pour écrire ou imprimer. Là, oui, ça prend un « e ».

— Ah, bon. Je pensais que ça s'écrivait pareil.

— Heureusement que t'as d'autres qualités.

— Comme quoi ?

— Honnêtement, des fois, je les cherche.

— Pffff. Tu m'adores !

— Et t'as écrit quoi, toi ? Choses que l'on jette. Par « a »…

— Un ananas.

— Un ananas ! ? Pourquoi tu le jetterais ?

— Ben là, s'il est passé date, il faut le jeter.

Trop facile. Ça mérite juste une moitié de point, ça, dit Édouard qui se prend toujours pour le juge.

Sans surprise, au terme de la partie, c'est lui qui nous démolit avec un pointage déraisonnablement plus fort que tout le monde. Je ne peux pas m'empêcher de le féliciter : « Bravo, *Petite Fleur* ! » Ça me brûlait les lèvres.

— Hein ? Comment tu m'as appelé, Arnold ?

— *Petite Fleur !*

Poupa Édouard soupire. Il lance un regard noir à Julien.

— Je te l'avais dit que c'était pas nécessaire, cette information-là.

— Veux-tu ben me laisser tranquille. Je suis libre !

— T'es incapable de subtilité.

— Pardon ? Mais je suis plein de subtilité ! crie Julien, offusqué, mais zéro subtil.

Quand Marraine Sandrine les prie de *jeter les armes*, nos papas se taisent aussitôt, amusés. Papou Julien court alors au frigo et revient avec un gros ananas qu'il jette au-dessus de la tête d'Édouard, qui le rattrape juste à temps.

Nous avons droit au plus bel éclat de rire collectif de la soirée.

Vendredi, 5 mai

Maxime est de mauvais poil : Loïc a commencé à rire de lui en catimini, comme il le fait avec moi. Quand il passe près de Max, il enroule les bras autour de son propre corps. Il fait semblant que quelqu'un l'enlace et donne des bisous dans l'air. Il a commencé à faire ça, car il a appris l'étrange métier que fait Colette, la mère de mon ami.

Si Marraine Sandrine est excentrique avec ses cours de sirène, Colette est encore plus étrange. Elle est principalement ouvrière dans une usine de conserves, mais depuis quelque temps, elle s'est trouvé un second emploi, atypique celui-là : elle est *câlineuse*. Le week-end et certains soirs de semaine, elle est payée pour donner des câlins aux gens en manque de tendresse. Pour 90 $ l'heure, elle se rend chez le client esseulé et lui offre ses bras et son épaule pour un peu de chaleur humaine.

Elle aime offrir de l'affection. Elle est comme ça, Colette. Quand je vais chez Max, elle a tendance à me faire une caresse un peu trop longue et gênante. Son mari l'a laissée alors que Maxime était encore bébé. Elle l'a élevé seule, avec tout son amour. Max, fils unique, n'a manqué de rien, sauf peut-être d'une figure paternelle. Il faut dire que Colette a été elle-même élevée par une mère « monoparentale ». Si je bénéficie de deux papas depuis plus de 12 ans, mon ami, lui, n'a ni père ni oncle ni grand-père. Avec en plus ma sœur jumelle, Marraine Sandrine, mes grands-parents, mes tantes et mes oncles à profusion, sans compter mes huit mille cousines, on peut dire que je suis un privilégié. Mais des fois, je jalouse la solitude de Max ; chez moi, il y a *toujours* de l'action. C'est peut-être pour ça que Maxime aime passer à la maison. Et c'est aussi la raison pour laquelle moi, j'aime passer chez lui.

Depuis que Max n'accepte plus ses élans de tendresse, Colette ne sait plus où donner de la tête et du cœur. C'est une célibataire endurcie. Elle semble même avoir fait une croix sur les hommes. Elle s'est donc jointe à l'entreprise *Cuddle me*, qui embauche des *câlineurs*. Maxime m'a raconté que sa mère ne ferait rien de sexuel. Il n'y a aucune ambiguïté. Elle offre de l'affection et c'est tout. Le plus loin qu'elle se rend, c'est faire la position cuillère dans le lit, toute habillée. Le client aussi, d'ailleurs. Si ce dernier la touche là où elle ne veut pas, ou s'il sent mauvais, elle part. Jusqu'à présent, Colette n'aurait eu que d'agréables expériences. Elle se sent fière d'offrir cette chaleur humaine aux gens, elle qui a travaillé toute sa vie à faire les mêmes gestes froids et robotiques à l'usine de bouffe en canne.

Dernièrement, j'ai osé lui demander quel genre de personne payait pour avoir de la tendresse. Elle m'a répondu : « Tout le monde. Des hommes autant que des femmes. Des vieux et des moins vieux... Tu serais surpris, Arnold, comment les gens se sentent seuls. Tout le monde est tout le temps sur les réseaux sociaux, mais il n'y a plus de contacts, d'interactions physiques... Je me sens utile. »

Pendant que Yannick attend en file pour s'acheter un repas chaud, Max se confie à moi.

— Comment il a pu savoir ça, lui ?

— Je te jure que c'est pas moi !

— Je le sais ben ! Mais c'est poche : Loïc est le dernier gars au monde qui devait apprendre ça ! Je l'haïs tellement.

— À qui le dis-tu !

— Il est tellement visage à deux faces ! Il fait des sourires à tout le monde, mais dès que t'as le dos tourné, il te plante un poignard dans le dos.

— T'as remarqué ce qu'il me fait ?

— Les poignets cassés à cause de tes deux papas ? Certain ! Il a un sérieux problème, ce gars-là !

— Je pensais qu'il riait juste de moi.

Eh non ! Il rit de moi aussi. Et de Yannick, parce qu'il est petit... Il fait toujours un truc avec ses mains pour montrer qu'il est minuscule.

Maxime mime un geste de rétrécissement avec son pouce et son index.

— Il est détestable !

— Faudrait un jour se venger ! lance-t-il dans les airs, avant que Yannick se joigne à notre table de cafétéria, une lasagne fumante dans le cabaret.

Nous changeons de sujet. Nous savons que Yannick serait mal à l'aise de nous entendre parler de Loïc riant de sa taille. Notre ami est complexé par ses petits 5 pieds. Toutes les filles de première secondaire le dépassent. Mais c'est un optimiste. Il aime se faire croire que tout ira bien, que la croissance viendra le visiter lui aussi. En plein sommeil, peut-être ? Il doit être du genre à penser qu'un matin, il mesurera 5 pieds 5 comme moi. Ou mieux, 5 pieds 8 comme le grand Max. Quand Loïc fait ses cruels gestes de rétrécissement, Yannick ferme les yeux. Il ne veut pas le voir. Il ne veut pas en entendre parler. Alors parlons de tout, sauf de ça.

— Pis ? Schwarzy, ça avance ? me demande Max.

— Oui, un peu.

— Montre-moi ça !

Je sors mes esquisses de mon agenda. Yannick s'extasie comme si j'avais du génie dans le crayon. Il rigole de voir les nouvelles chaussures que j'ai dessinées à *The Octopus*. Elles sont toutes deux trouées pour que ses deuxièmes orteils aient leur espace vital. C'est comme si l'orteil tranchant de mon superhéros perçait ses espadrilles.

— C'est vrai, Schwarzy étrangle les méchants avec son excroissance d'orteil ! se rappelle Yannick. C'est qui le prochain qui va y passer, dans ton histoire ?

— J'ai une petite idée là-dessus, dis-je, complice, en regardant Maxime.

Max me sourit avant de jeter un regard noir à la table où se tient Loïc Longtin.

• •

Au retour des classes, une lettre nous attend patiemment sur la table, Alia et moi. C'est la suite de la rencontre amoureuse entre nos papas. Alia me traîne dans sa chambre pour m'en faire la lecture.

LA RENCONTRE, selon Édouard

Mes enfants,

Comme vous le savez, Papou vous a écrit une fort belle lettre sur notre rencontre. Mais ça demeure sa vision des événements. Je ne reviendrai pas sur ce segment de la soirée. Je me pencherai plutôt sur ce qui a suivi, après que j'ai malencontreusement fracturé l'orteil de votre Papou. Inspiré par lui, je tenterai de recréer la scène comme une petite saynète. Mais ne comptez pas trop sur ma théâtralité. Je ferai tout de même de mon mieux.

Alors, voilà : j'ai emmené Julien à l'hôpital le plus près. Il était tard. Peut-être 2 heures du matin. La salle d'attente était presque déserte.

Je me rappelle ce qui jouait à la télé, pour divertir la poignée de blessés et de malades. C'était un épisode de *Columbo* avec Peter Falk. À vrai dire, j'étais un peu gêné. Je ne savais pas trop quoi dire à Julien. Je ne le connaissais que depuis une heure à peine. Alors je me rabattais sur le détective à la télé, même si le son du téléviseur était presque inaudible. Ne pouvant rien suivre de l'intrigue, je scrutais simplement Peter Falk, avec son œil de vitre. Je détaillais son handicap avec fascination, me demandant si la légende était fondée : il paraîtrait qu'enfant, le petit Peter aurait retiré son œil de vitre pour l'offrir à un arbitre sur un terrain de baseball, prétextant qu'il en avait davantage besoin que lui. C'est exactement le genre de phrase que pourrait sortir Marraine Sandrine. J'aurais sans doute pensé à elle, si je l'avais connue, à l'époque. Mais ce soir-là, je fixais simplement les yeux de Columbo en me demandant lequel de ses yeux était faux.

À côté de moi, Julien gigotait sur sa chaise. Il était encore soûl. Il a fini par briser le silence. Vous le connaissez ; il devait trouver que je ne lui donnais pas assez d'attention…

— Je m'appelle Julien.

— Moi, c'est Édouard.

— Enchanté.

— Moi de même.

Voyant que je regardais davantage les yeux de Columbo que les siens, il m'a proposé de partir, si c'était ce que je voulais. Et ce n'était pas ce que je voulais.

— Non, ça va. J'ai rien d'autre de prévu, cette nuit.

— Tu pourrais aller te coucher.

— Tente pas.

— Ou retourner danser.

— Tente encore moins.

— OK. Mais ça risque d'être long. On risque de faire passer avant moi la madame qui s'est coupé le doigt, ou le bébé avec de la fièvre ou l'ado qui s'est tiré l'épaule en niaisant avec un pistolet. Je pense pas vraiment être une priorité, ici.

Cette nuit-là, parce que je l'avais blessé en pilant sur son long orteil, Julien était ma priorité.

Au bout de quelques minutes, le poids de la tête de votre Papou s'est retrouvé sur mon épaule. Il s'était assoupi sur moi, un presque inconnu. J'écris « assoupi », mais je le soupçonne d'avoir fait semblant de tomber endormi pour profiter de ma belle épaule. C'est qu'il peut être bien ratoureux, votre père !

Il a fini par s'endormir pour vrai, car les ronflements ne se sont pas fait attendre. J'étais sur le point de faire le constat que j'aimais l'odeur de son shampooing quand il a tout ruiné avec son gros vrombissement de nez bouché.

J'ai toléré les ronflements et le rond de salive sur mon épaule pendant une bonne partie de la nuit, alors que je tentais de déchiffrer les intrigues de Columbo. Au départ, j'étais très gêné de la situation, mais au fil de la nuit, je me suis habitué à Julien sur mon épaule. J'y ai même pris goût.

Je suis resté avec Papou toute la nuit. Il a été appelé par le médecin à 11 h 42 le lendemain matin. Je suis vraiment très patient et très gentil.

Si vous demandiez à Julien comment était cette première nuit, je suis sûr qu'il vous dirait qu'elle était magnifique et tout et tout… Mais puisque c'est moi qui ai le crachoir (et le clavier de l'ordi !), je dois dire que c'était une nuit gênante par bouts. Après tout, Julien était encore soûl. Il riait de la madame à qui il manquait un bout de doigt. Oui, Julien est plein de compassion, mais il en a un peu moins quand il a bu. Pour vous mettre au parfum, vers 3 heures du matin, il a demandé à la dame si c'était en coupant des carottes qu'elle s'était fait ça. Elle lui a répondu que non, que c'était en coupant de la crème glacée dure comme une brique. Il s'est mis à rire en lui disant que ça l'aurait surpris qu'elle ait mangé des carottes. Que la crème glacée lui allait mieux. Et peu importe ce que Papou vous en dira, ce n'était pas une qualité. Ça ne voulait pas dire que la madame semblait onctueuse comme de la crème glacée, plutôt que râpeuse comme une carotte. Ça voulait simplement dire qu'elle pesait près de 300 livres.

Imaginez-vous donc que le commentaire de Julien l'a suffisamment blessée pour qu'elle verse quelques larmes. Ce après quoi votre Papou s'est confondu en excuses. Il lui a fait une caresse qui a duré près de cinq minutes. Ça aussi, c'était assez gênant, d'ailleurs.

Quand on a fini par voir le médecin, huit heures plus tard, ce dernier a dit à Julien qu'il ne pouvait rien faire pour son orteil cassé. De juste « éviter de piler dessus ».

Pas de doute : votre Poupa Édouard est vraiment un homme très très gentil. Avouez !

Édouard

xx

La voix d'Alia s'est rétablie : elle a tout lu de manière théâtrale à souhait.

Elle autant que moi sommes touchés par le portrait. Nous imaginons nos pères dans une salle d'attente d'hôpital. La tête de Julien sur l'épaule d'Édouard.

L'image ne me quitte pas de la soirée.

Après la lecture, Alia et moi, nous regardons en rafales trois téléréalités, bien écrasés dans la causeuse au sous-sol : notre territoire béni de téléspectateur. Dans l'une d'elles, on y voit le premier baiser de deux inconnus. Alia semble émoustillée par ce *french kiss* ;

elle trouve le garçon très sexy. Moi, ça me laisse de marbre. En fait, je trouve le rapprochement précipité, exagéré et faussement passionné. Un *french kiss* arrangé avec le gars des vues, dirait Édouard.

— T'as-tu faim, toi ? me demande Alia.

— Peut-être.

— Des biscuits, genre ?

— Ouin. Ce serait bon.

— Tu veux-tu aller nous en chercher ? *Pleaaase*, supplie ma sœur en battant des cils et en me faisant un sourire de gamine.

Quelle princesse, cette sœur ! Je soupire et me lève de notre trône moelleux. Je monte à la cuisine et me sers dans le garde-manger. Avant de redescendre, je me rends au salon. Je regarde de dos mes papas rivés à l'écran. C'est un épisode de la dernière saison de *Breaking Bad*. La tête de Papou est déposée sur l'épaule de Poupa, qui lui joue dans les cheveux. Je souris et me retire, sans avoir manifesté ma présence.

Je retourne au sous-sol avec des biscuits. Alia bat des mains, alors que les deux tourtereaux à la télé dansent lascivement. Érotiquement, même. « T'es *chicks*, *babe* », décrète le jeune homme musclé, alors que la fille basanée rit comme si on venait de lui faire le plus beau compliment au monde. Je fronce les sourcils.

Je préfère la tendresse ordinaire de mes papas.

C'est ça le plus beau début d'une histoire d'amour : une tête épuisée qui se dépose doucement sur l'épaule de l'autre.

Je repense à Cassandre dans la biblio, hier. Quand elle était assise à côté de moi, en train de feuilleter les croquis de ma BD. Je m'imagine sa tête se déposer sur mon épaule. Puis mon nez sentir l'odeur de son shampooing suffisamment longtemps pour en identifier la marque.

Je ne regarde plus du tout la téléréalité d'amour instantané qui sévit devant moi.

Samedi, 6 mai

LE SWING

Chers choupilaïloudous rebondissants,

Un mois après notre rencontre, à votre Poupa et moi, ma deuxième orteil a guéri. Pour fêter ça, nous nous sommes inscrits à des cours de danse. Trouver la danse qui nous convenait n'a pas été simple. Vous connaissez les réticences agaçantes de Poupa pour la danse, ou pour tout ce qui serait susceptible de le rendre ridicule…

Parce que je suis presque aussi théâtral que toi, Alia, je vais vous retranscrire la sympathique scène de la fois où nous avons choisi de prendre des cours de swing.

MOI — Petite Fleur, on fait une activité de danse ensemble ! Pour célébrer ma guérison. Et pour commémorer notre couple ! Ça fait un mois qu'on est ensemble.

ÉDOUARD — Ça fait un mois qu'on s'est rencontrés. Nuance.

MOI — On est ensemble depuis quand ?

ÉDOUARD — On est ensemble, nous deux ?

MOI — On n'est pas ensemble ?

ÉDOUARD — Je te niaise, Gros-Mollets. Mais je sais pas trop, j'aime pas danser.

MOI — T'aimes pas certains types de danse. Nuance. Je suis sûr qu'il y en a un qui te convient. Faut juste trouver la danse que tu vas aimer.

ÉDOUARD — J'aime rien.

MOI — Tut-tut-tut-tut. Force-toi un peu, là. Le ballet-jazz ?

ÉDOUARD — Non.

MOI — Le hip-hop ?

ÉDOUARD — Non.

MOI — Le tango ?

ÉDOUARD — Non.

MOI — La salsa ?

ÉDOUARD — Non.

MOI — Le baladi ?

ÉDOUARD — Non.

Je commençais à le trouver pas mal plate quand j'ai lancé, au seuil du découragement : « Pffff… Le swing ? »

ÉDOUARD — Hum, je sais pas.

MOI — Oui, le swing !! C'est parfait ; ça nous ressemble !

ÉDOUARD — Ça nous ressemble ?

Tout excité, j'ai sorti tout de go une pièce de monnaie de mes poches.

MOI — On tire à pile ou face. Face, on swigne. Pile, on fait rien. OK ?

ÉDOUARD — OK. Mais t'as l'air trop confiant, toi. Tu me jures que c'est pas une pièce truquée avec deux faces.

MOI — Je te jure. Regarde. Je suis confiant parce que c'est toujours face qui gagne.

ÉDOUARD — Comment ça ?

MOI — Je sais pas. Je me casse toujours la deuxième orteil un vendredi 13. C'est les mystères de la vie, ça, ma Petite Fleur !

ÉDOUARD — « Orteil », c'est masculin. Définitivement plus masculin que toi.

J'ai ignoré la mesquinerie de votre père et j'ai lancé la pièce de monnaie. Je l'ai rattrapée, posée sur le revers de ma main et l'ai montrée à Édouard, incapable de cacher sa déception.

ÉDOUARD — Face.

MOI — On swigne !

Ça fait qu'on a swigné. Même si ça n'enchantait pas votre Poupa, au départ. Il y allait à reculons. Il m'accompagnait surtout pour me faire plaisir et pour honorer les mystères de la vie. Mais heureusement, après trois séances, c'est lui qui m'achalait pour ne pas manquer les cours !

Pas étonnant : le swing, ça représente bien notre énergie collective, à Édouard et moi.

Nous avions prévu être séparés. Être jumelés chacun avec des mesdames. Mais quand ça a été le moment d'apprendre les portées, j'ai eu des petits soucis pour soulever mes partenaires féminines. Je n'ai réussi à lever que Jocelyne, la petite secrétaire. Votre Poupa vous dirait certainement que la fois où j'ai réussi à la lever, je l'ai échappée la seconde d'après, mais ce serait un mensonge.

Je n'ai jamais échappé Jocelyne, la petite secrétaire. Elle a glissé. Elle avait les mains trop moites. Ce n'était pas du tout de ma faute !

Mais peu importe. Étant donné les circonstances, j'ai fini par être jumelé avec votre Poupa. Nous avons été le tout premier couple de messieurs du cours de swing. J'étais content ! (Édouard aussi l'était, j'en suis sûr, mais il a toujours bien réussi à camoufler ses émotions…)

Alia et Arnold, soyez fiers de vos papas *swignants* : ils ont bousculé les conventions de la danse !

Papou Julien

xoxox

P.-S. : Je me relis, et *bonyenne* que je trouve que je ferais un bon auteur de théâtre ! Avouez que mes dialogues sont savoureux ! Pleins de finesse et d'humour, comme moi ! Non ? Vraiment : je devrais peut-être me recycler en dramaturge. Qu'en pensez-vous ? ? ?

C'est la quatrième fois que je lis cette dernière lettre, et elle me fait toujours sourire. Je ne suis pas dupe : je suis certain que Jocelyne, la petite secrétaire, est tombée à cause de Julien. Si ça se trouve, il l'a même peut-être laissée tomber pour danser avec Édouard ! Papou a si peu d'orgueil !

Aujourd'hui, c'est samedi. Pas d'école. Mais c'est calme dans la maison. Chaque samedi, j'ai un bon trois heures à moi seul dans la grande maison, et j'aime profiter de cette solitude. Nos papas sont à leur cours de swing, justement, alors qu'Alia répète pour une pièce de théâtre au centre communautaire de la ville, avec ses amies Tania et Clélia. Elle fait ce qu'elle aime. Elle veut devenir comédienne et elle fera tout pour y arriver, que son prof d'art dramatique soit d'accord ou non. De mon côté, outre dessiner mon double musclé Schwarzy, j'aime écrire. Écrire, c'est choisir les mots. Plus nos mots sont précis, plus on a de chances de se faire comprendre.

Plus tard, je voudrais devenir soit dessinateur, soit auteur. En tout cas, chose certaine, je voudrais manier le crayon. C'est pour ça que la création de bandes dessinées, c'est tout indiqué pour moi. Mes papas écrivent de belles lettres, alors j'ai peut-être moi aussi un certain talent pour l'écriture ? D'ailleurs, est-ce que le talent, ça se lègue par le bagage génétique ?

Dans le silence de la maison, j'ai tout le temps pour m'interroger. Je me questionne sur les gènes.

Qui, de Papou ou Poupa, est notre vrai papa ?

Les lettres se suivent, mais l'information cruciale ne vient pas. Je n'arrête pas de spéculer. Je me cherche des filiations de personnalité et de physionomie. Je me reconnais dans mes deux pères. J'ai la discrétion et l'orgueil d'Édouard, mais je peux rire fort comme Julien. Je suis élancé comme Édouard, mais j'ai le deuxième orteil disproportionné comme Julien. Bref, je suis embêté. Je suis la somme des deux. Pareil pour ma jumelle.

Tôt ce matin, ma sœur et moi, nous avons fait des pronostics, plus ou moins sérieusement. Alia croit que c'est Julien, étant donné leurs personnalités jumelles ; moi, je suis presque sûr que c'est Édouard. C'est en lui que je me reconnais le plus. Peut-être, en fait, que si je fais un gros effort d'honnêteté, c'est de lui que je voudrais tenir le plus de gènes. Il correspond plus à ce à quoi j'aspire. Un homme solide, capable d'humour, mais de discrétion aussi (ce dont Julien est incapable). Et en même temps, je voudrais un jour toucher à la folie sympathique de mon Papou…

À présent, la maison est vide, alors j'en profite pour me mettre en caleçon et me détailler le physique devant le miroir. Ce que je vois me déçoit.

Récemment, à la récré du midi, Julie-Anne, une amie de Cassandre, m'a demandé si je n'étais pas trop maigre pour dessiner des superhéros gonflés aux stéroïdes. Je lui aurais dit quelque chose comme « de quoi je me mêle ? », mais puisqu'elle était précisément avec Cassandre, je n'ai rien dit. J'ai froncé les sourcils, comme si je la trouvais stupide. L'air de dire que je ne suis pas si maigre que ça. Mais en vérité, elle a raison. Je suis maigre. D'où le bonheur de dessiner un double aussi vaste que mon Schwarzy.

Je me rends à la cave, où trône le gros Alien (la machine à muscles que nos papas se sont achetée quand nous étions encore des enfants, Alia et moi).

C'est toujours grisant pour moi, être seul à la maison. Mes papas et Alia ne rentreront pas avant deux bonnes heures, encore. Personne pour rire de moi, si je m'essaie encore à la musculation. C'est peut-être ma cinquième séance en deux ans, alors je suis un peu rouillé. Je tire une barre du mieux que je peux, je me soulève à bout de bras et à bout de souffle, puis j'abdique. Je trouve ça toujours un peu ennuyant. Je finis par mettre de la musique *dance* et laisser mon corps réagir au rythme. Je m'essaie à la danse musculaire.

Julien serait sans doute fier de moi. Mais par chance, il n'en saura jamais rien.

Je suis orgueilleux comme Édouard.

Dimanche, 7 mai

J'éteins toujours les lumières quand je sors d'une pièce de la maison. C'est un réflexe. C'est l'enseignement d'Édouard qui a bien fonctionné. Poupa a horreur du gaspillage. Et en plus, il est économe. Je l'entends souvent crier : « Alia ! Je vais te refiler la facture d'Hydro-Québec, si tu continues comme ça ! »

Parfois, c'est contre son mari qu'il se fâche. Il trouve que Julien agit comme un enfant, qu'il n'est pas meilleur qu'Alia et moi. Parmi ses griefs contre lui, on retrouve :

- Ne pas éteindre systématiquement la lumière derrière lui, quand il quitte une pièce.

- Ronfler.

- Ne pas surveiller suffisamment les rabais en faisant l'épicerie.

- Avoir tendance à être bordélique.

- Parler trop fort en public.

- Passer trop de temps sur son iPhone.

Nos papas s'aiment d'un amour réel et ordinaire à la fois. S'il leur arrive de se chicaner, comme tous les autres couples, c'est très souvent au sujet du cellulaire de Papou. C'est qu'il passe son temps à texter à Marraine Sandrine, parfois en plein milieu d'un film ou d'un repas. « J'ai le droit : c'est ma *best friend* ! » se défend-il alors. Quand il l'appelle comme ça, je souris/soupire. Je suis autant attendri que découragé. J'ai l'impression qu'il a envie d'avoir notre âge, à Alia et moi.

Édouard passe son temps à dire à Julien de vivre dans le moment présent, avec les gens présents. « Je suis là, donc éteins-moi ça ! ! » Voilà une phrase qui revient souvent dans sa bouche.

Poupa a les reproches faciles, et c'est sans doute une des choses qui nous agace le plus, Alia et moi. Julien est plus permissif, c'est vrai, mais en revanche, il est impatient. Il peut perdre sa bonne humeur légendaire si ça ne roule pas comme il l'entend. « Je suis à boutte ! Vous allez m'accoler au mur du *burnout* si vous brettez plus longtemps ! » Si vous *brettez* ? Du verbe « bretter », j'imagine. Je brette, tu brettes, il brette, nous brettons, vous brettez, ils brettent. « Ça veut dire perdre son temps, et me faire perdre le mien ! » précise-t-il, quand Alia fait les yeux ronds.

Chaque fois que Papou Julien ouvre la bouche, il parvient à faire rire. Il dit tout ce qui lui passe par la tête, sans se tourner la langue avant de parler. Lors de notre voyage en Floride, l'année dernière, Julien a pu éprouver son anglais désastreux. Une femme lui avait demandé quelque chose, en pleine rue. Épuisé de devoir s'efforcer de parler en anglais, Julien avait spontanément répliqué ce qui est devenu un classique dans la famille : « *I don't understand, I don't know, I don't fatigué.* » On avait tellement ri. Ça ne s'invente pas : « *I don't fatigué* ».

Il a aussi des expressions sympathiques qu'il chérit particulièrement. Chaque fois qu'il perd pied ou qu'il rentre dans un mur, par mégarde, il clame qu'il nous a fait un *sketch* ! Que « c'était voulu » ! Plutôt que de dire « J'ai du style ! », il dit « J'ai du *swag* ! ». Et il ne dit pas « *décorations* de Noël », il préfère « *garnitures* de Noël ». Quand le temps des Fêtes se termine, pendant que Julien retire les *garnitures* du sapin avec Alia et moi, Édouard, lui, récupère les papiers d'emballage et les choux de Noël en Noël. C'est tout juste s'il ne conserve pas aussi les retailles de ruban pour emballer de nouveaux cadeaux. Julien, de son côté, s'amuse à le traiter de *cheap*. « Édouard, je pense qu'on peut en revenir de ce vieux papier d'emballage *laitte* là. Ils se fendent le cul pour en vendre du neuf au centre commercial ! » Édouard ne dit rien et plie consciencieusement le vieux papier d'emballage mille fois recyclé.

Voilà toute la dynamique parentale des Morin-Aubert.

Quand je compare mes parents à ceux de Yannick (la mère de Max étant célibataire), je vois bien qu'ils ne sont pas si différents. Il y a aussi dans leur couple des périodes d'amour entrecoupées de disputes banales. Des chicanes pour des niaiseries. J'ai déjà surpris la mère de Yannick engueuler son mari parce qu'il ne baissait toujours pas le siège de toilette après avoir fait pipi. C'est la même chose pour presque tous les couples de parents que je connais. Mes papas n'échappent pas aux trivialités du quotidien des couples hétérosexuels. La seule différence : ce sont deux hommes. Et ils ont peut-être travaillé plus fort que les autres couples hétérosexuels pour avoir des enfants.

Alia et moi avons été très désirés. Nos papas passent leur temps à nous rabâcher les oreilles avec ça. « Vous avez tant été désirés ! »

Vraiment ?

La lettre qui nous attend sur la table, cet après-midi, vient brouiller cette idée.

REMPLIR LE VIDE

Mes jumeaux ados juste bons à vider la bouffe de la dépense, bonjour !

Pour votre plus grand plaisir, c'est encore moi qui suis aux commandes de la suite.

Et ce n'est pas tant parce qu'Édouard est occupé avec ses corrections. C'est surtout parce que nous sentions que c'était moi le mieux placé des deux pour raconter la prochaine étape de notre amour, à Poupa et moi.

Donc : Édouard et moi, on a vécu heureux comme ça pendant trois ans. Swigner ensemble les mardis et les samedis soirs, et s'aimer le reste de la semaine (hihihihi, me trouvez-vous grivois ?). Pendant ces trois années là, je me suis cassé la deuxième orteil trois fois. C'est pour dire : réglé à l'année près ! Toujours des vendredis 13 ! Ça donne presque froid dans le dos !

On a fini par acheter une grosse maison en campagne, tout près du village où j'ai grandi. Une belle grande maison (la nôtre, celle où vous avez vous-mêmes grandi…) avec une galerie tout autour, comme Édouard avait toujours voulu avoir, enfant. Ce qui ne faisait pas mon affaire, au départ. C'est que, comme vous, je préfère la ville. Ça bouge tellement plus que la campagne !

C'est indéniable : vous aimez le petit appartement de Marraine Sandrine, en plein centre-ville, là où ça bouge. Eh bien, c'était la même chose pour moi. Maintenant, je me suis fait à l'idée de passer ma vie en campagne, et je ne suis pas malheureux… Je pourrais même dire, et sans me tromper, que je suis heureux (ajoutez ici un son de violon !).

Mais à ce moment-là (ça remonte à seize ans, si ma mémoire est bonne), je me tuais à faire comprendre à votre Poupa que la campagne était plate plate plate. Lui, ravi, me rappelait que mes parents y vivaient toujours. Que nous allions pouvoir être tout près d'eux. Pour être franc, disons que je ne trouvais pas ça nécessaire. J'étais encore dans la vingtaine. Je venais tout juste de me sortir de la campagne. Je n'avais pas spécialement envie d'y retourner !

Mais Édouard persistait ! Il voulait me convaincre. Il utilisait tous les arguments massue qui lui venaient à l'esprit. Entre autres, le fameux : « On va avoir une belle grande cave dans la maison. Une cave où tu vas pouvoir danser. » Vous connaissez déjà mon amour de la danse. Votre Poupa tentait de m'amadouer. De m'avoir par les sentiments. Le coup final est venu rapidement.

ÉDOUARD — Julien, t'arrêtes pas de dire que tu veux des enfants.

MOI — Ouin, pis ?

ÉDOUARD — Tu veux quand même pas les élever en ville ?

Je ne voyais pas où était le problème. Édouard me l'a révélé : pour lui, en ville, lieu suprême de danger (il exagère tellement !), nos futurs enfants (c'est vous, ça !) risqueraient fortement de se faire faucher par une voiture.

En temps normal, j'aurais ri du côté alarmiste d'Édouard, mais là, j'étais tellement excité à l'idée de savoir que vous preniez vie dans un futur rapproché dans son esprit que je me suis mis à courir partout dans mon appart (celui, minuscule, que je partageais avec Marraine Sandrine !) en criant quelque chose comme :

MOI — Nos enfants ? Donc, c'est oui ? Tu veux des enfants de moi ?

Édouard a cherché à me tempérer avec des « peut-être » et des « on verra », mais il a lamentablement échoué. J'étais bien trop excité à l'idée d'avoir des enfants avec l'homme que j'aimais (et que j'aime toujours, soit dit en passant...).

J'étais prêt à tout pour vous. Même à déménager en campagne et revenir ici, tout près de grand-papa et grand-maman Morin. Ce village qui m'avait rendu si malheureux enfant allait devenir mon oasis de paix et de paternité, tout ça grâce à votre Poupa !

C'est en mai 2002 qu'Édouard et moi avons pris possession de cette belle grande maison dans laquelle nous vivons toujours. Une maison qui, à l'époque, était beaucoup trop grande pour nous deux. Votre Poupa, l'âme faussement charitable, avait donc commencé à la remplir comme il le pouvait, c'est-à-dire en achetant des meubles ! Des tas de meubles inutiles qu'il entassait dans la salle d'ordinateur ! Quand la salle a été pleine, c'est le sous-sol qu'il a commencé à envahir.

Le 12 novembre 2002, ça a été la goutte de trop. Ou en fait, le meuble de trop. Je n'étais plus capable de voir mon espace vital rempli de meubles en bois fraîchement vernis. Quand j'ai vu votre Poupa avec la petite commode qu'il venait de se procurer (celle qui se trouve actuellement dans l'entrée, dans laquelle nous rangeons vos tuques, vos mitaines et vos foulards), j'ai éclaté. J'étais exaspéré. Mais Édouard était tellement emballé par son nouvel achat.

ÉDOUARD — C'est une belle commode, hein ? Je vais la décaper pis je vais la mettre dans le salon.

Il avait un sourire béat au visage. Un sourire d'enfant devant un sapin plein de garnitures et entouré de cadeaux, un soir de réveillon. Je lui en voulais d'être heureux, alors que moi, je ne l'étais pas. J'ai donc déversé mon petit fiel.

MOI — Je sais ce que tu fais. Tu remplis le vide. Mais c'est des enfants que je veux. Je suis revenu en campagne pour avoir des enfants, Édouard. Pas une douzaine de meubles décapés !

J'étais fâché noir. Vous savez comment ça peut être laid, quand je suis fâché noir, hein ? Eh bien, c'était la face que je lui faisais. Édouard se défendait comme il le pouvait en prétextant que décaper des meubles était un passe-temps précieux pour lui, et blablabli et blablabla.

Je lui ai cloué le bec solide en parlant de vous.

MOI — Et les enfants qu'on voulait ?

Là, il y a eu un long silence. J'avais l'impression que toute ma vie était sur le bord de se jouer. Je craignais qu'Édouard me ramène à l'ordre avec son bon sens. Et c'est ce qu'il a stupidement fait.

ÉDOUARD — Julien, il me semble que ça a pas de bon sens, avoir des enfants. Penses-y, deux minutes.

MOI — Mais je fais juste ça, y penser !

Et là, il m'a sorti des arguments hyper-convenus. Pas bravo, Poupa!

ÉDOUARD — Qu'est-ce qu'ils vont se faire dire à l'école? Hein? Avec deux papas! Ça va être dur pour eux. Les enfants sont cruels, Julien.

Je bouillais de l'intérieur. Me dire ça, comme si j'étais un extraterrestre! Que je vivais dans un monde rose peuplé de barbe à papa sucrée et de fées des *étwoèls*! Eh bien non, je savais très bien que les enfants sont cruels! Je l'ai su très tôt dans ma vie, soyez-en assurés! Surtout les enfants en campagne, en plus! Je ne vous l'ai jamais dit franchement, mais j'ai passé mon enfance à pleurer à cause d'eux autres. On me traitait de fifi, on me poussait dans les casiers… On m'a même déjà écrasé un gâteau Vachon sur la tête! Terrible, je sais…

J'avais tout balancé ça au visage d'Édouard. Il avait naturellement retourné ça à son avantage en me disant que je ne vous souhaitais pas ça, de recevoir un gâteau dans les cheveux parce que vous avez deux papas, plutôt qu'une maman et un papa, comme tout le monde! Et c'est à ce moment que je lui avais servi une réplique grandiose, étonnamment bien construite et percutante.

MOI — Non, je leur souhaite pas ça. Mais si ça arrive, je vais être là, pis je vais leur faire un bon shampooing, pour pus que leurs cheveux sentent le gâteau Vachon. Pis ensemble, toute la famille, toi y compris, on va tous aller acheter une grosse boîte de gâteaux Vachon à l'épicerie. Pis à tour de rôle, on va les écraser dans les cheveux de l'enfant cruel qui leur aura fait ça.

À ce jour, je crois que c'est une de mes plus belles ripostes verbales. Je n'en suis pas peu fier. Mais évidemment, Édouard a souligné mon immaturité à recourir à la vengeance. Sur ce plan-là, votre Poupa et moi sommes totalement différents. Moi, je suis un adepte de la vengeance. Tu me fais mal ? Parfait ! Je vais te faire mal à mon tour ! Mouhahahaha (je me fais rire moi-même en écrivant ces lignes) !

Bon, j'avoue que ce ne sont pas là de belles valeurs à transmettre à un enfant… Mais vous me connaissez ! Vous savez bien que j'ai un bon fond ! (Non ?)

Mais revenons un peu à votre genèse. J'ai laissé passer un temps, et je suis revenu à la charge, gonflé à bloc. Qu'en était-il de vous ? Pouvions-nous entreprendre les démarches pour que vous vous déposiez sur notre route ? Sa réponse a été l'une des plus douloureuses que j'aie jamais entendues de ma vie.

ÉDOUARD — Je suis pas prêt.

Puis il a demandé naïvement si ça me dérangeait. Si ça me dérangeait ? Mais bien sûr que oui ! Je ne me suis pas fait prier pour lui livrer le fond de ma pensée.

MOI — Oui, ça dérange. Je m'excuse, mais ça dérange.

ÉDOUARD — T'es sérieux ?

MOI — Ça me suffit plus d'être deux.

Là, ça a été au tour d'Édouard d'encaisser ma réponse. Il semblait sonné. Ses yeux cherchaient des raisons pour me calmer. Il m'a rappelé que je passais mes journées à garder des enfants (comme si je ne le savais pas !) et que ses nièces venaient souvent ici (ce qui était vrai, mais je m'en foutais !).

Je me suis préparé pour lui servir la plus belle réplique que j'aie jamais dite de ma vie. Celle-là, c'est vraiment vraiment la plus belle. Ça avait quelque chose de très théâtral. C'était un cri du cœur, ni plus ni moins. Un cri d'amour adressé directement à vous, que je ne connaissais pas encore, mais que je voulais tant avoir dans ma vie.

MOI, *beaucoup trop ému* — C'est pas pareil, Édouard. Pis t'as beau avoir 800 nièces, c'est pas suffisant pour moi. C'est nos enfants à nous que je veux. Tu comprends ? À nous deux. J'ai envie d'élever une famille. D'inculquer ce que je trouve beau dans la vie. J'ai envie de cuisiner avec eux des bonshommes en pain d'épice pis que ça sente le gingembre partout dans la maison, même si c'est pas Noël. J'ai envie que nos enfants nous fassent une crise à l'épicerie pour qu'on leur achète la sorte de céréales la plus sucrée, comme je faisais à mes parents quand j'étais petit. J'ai envie de leur dire oui pour les céréales sucrées, que je cède le premier, pis que ça te fâche que je cède. Pis que ça fasse une grosse chicane de couple, parce que je suis trop permissif, et toi pas assez. J'ai envie que tu sois le papa le plus autoritaire de nous deux, pis que tu leur interdises de regarder plus qu'une heure de télé par jour. J'ai envie que tu leur expliques les rudiments de la science et de la géographie, que tu en fasses des petits génies sachant très bien ce qu'est un effet placebo et dans quel continent se trouve le Chili. J'ai envie de leur apprendre à faire de la danse musculaire. J'ai envie…

C'est là que votre Poupa a incivilement coupé mon splendide élan théâtral. Ma tirade, pourrais-je dire ! Il m'a bassement demandé ce qu'était de la danse musculaire. J'étais en beau fusil qu'il change le sujet comme ça. Édouard m'a fait ses beaux yeux désolés en m'indiquant qu'on ne fait pas toujours ce que l'on veut dans la vie. Vous savez, ce regard qui me fait fondre à chaque fois ? Eh bien, ce jour-là, je n'ai pas fondu. Pas cédé. Je suis resté de marbre et je le lui ai fait savoir que je regrettais, mais que non.

MOI — On peut faire ce qu'on veut dans la vie. C'est comme ça que je veux voir la vie, moi. Si je veux avoir des enfants, je vais m'arranger pour en avoir.

Ça ne s'est pas bien terminé. Non. Ce 12 novembre là n'a pas été une très belle journée dans notre vie, à Édouard et moi. Mon amoureux a précisé que je ne lui parlais que d'envies, que je ne formulais que des rêves.

ÉDOUARD — De beaux rêves, mais des rêves quand même !

Et là, j'ai crié. Il m'épuisait tellement. Je lui ai presque craché que je m'étais trompé, que je n'avais pas *envie* de ça ; que j'avais *besoin* de ça. Il a lâché un petit son comme « oh ».

ÉDOUARD — Et si je suis jamais prêt à avoir des enfants ?

J'ai pris une grande respiration et j'ai préparé ma réplique, remplie d'esprit de vengeance.

MOI — Peut-être que je serai pas prêt à passer ma vie avec toi, d'abord.

Là, il y a eu un silence de mort. J'ai eu l'impression que j'avais tué quelque chose. Que j'étais plus que jamais à un tournant de ma vie. C'était clairement un ultimatum. Ou bien Édouard et moi entreprenions les démarches pour avoir des enfants (vous), ou bien nos routes se séparaient. J'en étais là.

Ce soir-là, je n'ai pas dormi à la maison. Ni les jours suivants. Je suis allé chez grand-papa et grand-maman Morin, qui ont pris soin de moi. Je n'arrêtais pas de pleurer. Grand-papa était mal à l'aise ; je savais qu'il avait de la peine pour moi, mais il a choisi d'aller faire les courses à ce moment-là (pour me laisser seul avec grand-maman, j'imagine). Quant à elle, grand-mère m'a fait chauffer de la soupe poulet et nouilles Lipton en me jouant dans les cheveux, ce qu'elle n'avait pas fait depuis que j'avais peut-être douze ans (votre âge !). Elle ne le sait sans doute pas, mais j'ai l'impression que ce soir-là, sa soupe en sachet m'a sauvé la vie.

La suite demain ! Ce sera au tour d'Édouard, le méchant papa qui ne voulait pas d'enfant, de vous raconter la suite de votre genèse.

Bonne nuit, mes petits gâteaux
Vachon écrapoutis !
Papou Julien
xxx

P.-S. : Arnold et Alia, mes beaux enfants, avouez qu'elle est fort belle, la longue réplique théâtrale que j'ai envoyée à votre père. Mon désir violent de vous avoir dans ma vie et d'être le papa parfait, et de constituer avec vous la famille parfaite. Eh bien, tout ce beau projet a crissé le camp assez rapidement merci. Rétrospectivement, je me vois dans l'obligation de retirer tout ce que j'ai dit. À la première crise à l'épicerie pour des céréales sucrées, alors que vous étiez de tout jeunes enfants (autour de cinq ans, je crois), j'ai eu envie de vous tuer. Arnold, tu criais que tu voulais des Froot Loops à cause des couleurs multicolores, et Alia, tu hurlais en exigeant des Honeycomb, à cause du miel et de ta fascination pour les abeilles. Je m'étais presque claqué un muscle de l'épaule pour atteindre la boîte de céréales au son et à l'avoine, parfaites pour votre bon développement. Édouard, qui se chargeait des fruits dans une autre allée, m'a entendu crier contre vous. Il a accouru et a remis les céréales au son et à l'avoine sur la dernière étagère. Il a pris une boîte de Froot Loops et une autre d'Honeycomb. C'est lui qui a cédé. On s'est un peu chicanés en revenant à la maison. Édouard m'a fait remarquer que j'étais peut-être trop autoritaire. Ouin. Je retire tout ce que j'ai pu dire.

Mais bon, je vous aime quand même un peu, là…

Je suis sonné. Alors Édouard ne voulait pas vraiment de nous ?

C'est la première lettre qui me bouscule autant. Alia, elle, est étonnamment détachée à la suite de cette révélation. Elle est surtout émue de la vieille rupture de nos papas, bien avant notre conception.

« Ça remonte à tellement longtemps, Arnold. Depuis le temps, Poupa est clairement heureux de nous avoir. Il était pas obligé de vouloir de nous… Il avait à peine 30 ans. Capote pas avec ça. »

Édouard ne voulait pas de nous, de moi… Alors, je vais capoter si je veux capoter.

Je passe la journée à penser à ça. Pendant le souper, je suis incapable de le regarder sans me dire : « Cet homme-là ne voulait pas vraiment de toi. » C'est puéril, je sais. Je ne pourrai plus le regarder de la même façon.

De son côté, Papou avale trop vite son spaghetti. Une bouchée passe de travers et le voilà qui s'étouffe. Il tousse et crache dans son assiette. Pendant qu'il cale un verre d'eau, les yeux humides, Édouard lui fait la morale, comme à un enfant : « Mange tranquillement, Julien. T'as pas 7 ans. » Je fusille Édouard du regard.

J'ai officiellement changé d'idée : j'espère de tout mon cœur que mon vrai papa est Julien.

Lundi, 8 mai

Ce matin, dans mon cours d'arts plastiques, nous dessinons des portraits au fusain. Sylvie, notre prof, nous prévient : « Quand on dessine un visage, par quoi on doit commencer, selon vous ? Les yeux ? Les oreilles ? La bouche ? Eh bien, non. Allez-y avec le contour du visage. Veillez à ne pas trop appuyer sur la pointe de votre fusain. Il faut y aller doucement, comme si on caressait le papier. »

Je n'apprends rien de neuf, ici. Mon livre *Comment bien dessiner des Comics* m'a déjà bien aiguillé sur le sujet. On y parle plutôt d'une simple ligne. Une ligne pour nous permettre de saisir l'essence de notre personnage. C'est toujours avec un « S » qu'on esquisse. Plus la ligne est droite, plus le personnage sera rigide. À l'opposé, plus la diagonale est sinueuse, plus le personnage sera dynamique, fluide, en mouvement. Le défi, en BD *Comics*, c'est de transcrire l'énergie du personnage dans les dessins. Et c'est ce que je tente d'insuffler à mon Schwarzy.

Sylvie poursuit avec son enseignement sur la physionomie des visages. Elle nous révèle l'*universel.* Généralement, une tête est ovale comme un œuf, avec le menton plus mince. « On a toujours tendance à dessiner la tête trop ronde, donc faites attention. » L'emplacement des yeux est en plein milieu du visage. « On a toujours tendance à les dessiner trop haut, à la hauteur du front ! » Les oreilles se centrent entre le niveau des yeux et la base du nez. La largeur de la tête est égale à cinq yeux, et il y a une largeur d'œil entre les deux yeux. Finalement, les commissures des lèvres sont alignées avec les pupilles. Quand on s'y arrête, on peut voir que la physionomie universelle des visages a quelque chose de mathématique. « Mais surtout, malgré tout ça, dessinez ce que vous voyez. C'est le meilleur conseil. Soyez honnêtes. » Ça va de soi, oui.

« Mettez-vous en équipe de deux. Vous allez vous dessiner l'un l'autre. »

C'est toujours embêtant, cette célèbre phrase (« Mettez-vous en équipe de deux »), quand on est un trio. Je regarde Yannick et Max. Comment allons-nous organiser ça ? Je n'ai pas envie de me mettre avec quelqu'un d'autre que l'un de mes deux amis. Max est comme moi. Nous sommes moins sociables que Yannick. Il me semble que ce serait à lui, avec sa bonhomie communautaire, à faire l'effort de se jumeler à quelqu'un d'autre. Mais voilà que j'entends Max demander à Yannick : « On se met ensemble, *chummé* ? »

Pardon ? Est-ce que je viens de me faire damer le pion par mon propre ami ? Après Édouard qui ne voulait pas vraiment de moi, voilà que mes meilleurs amis m'évincent de leur trio. Merci, Max. Merci beaucoup.

Yannick me regarde avec une pointe de malaise : « C'est-tu correct si on se met ensemble, Max et moi ? » Ben oui. C'est parfait. Allez-y. Amusez-vous bien sans moi. C'est clair que je vais être pogné pour dessiner Patrick, qui a une haleine de bouc. L'odeur de son déjeuner va me faire tourner la tête, je vais le dessiner tout croche, et je vais avoir une mauvaise note. Mais vraiment, c'est parfait. Allez-y.

Je me lève à contrecœur et me dirige vers Patrick, qui est toujours seul. Je plisse les yeux de dégoût et me laisse guider par son haleine infecte. Mais surgit Cassandre. Son beau sourire s'impose, vient faire écran entre l'haleine de Patrick et mes narines.

— Es-tu tout seul, Arnold ?

— Euh… oui.

— On se met ensemble, si tu veux ? J'aimerais ça me faire dessiner par un vrai artiste.

— Ben oui, pourquoi pas.

— Yeah ! Je suis *wise* ; je vais avoir un dessin professionnel de ma face, pis ça me coûtera rien !

Non seulement cette fille me sauve d'un évanouissement certain à la suite de l'inhalation de l'haleine de

Patrick Usereau, mais en plus, elle me complimente. Ma journée vient de prendre un tournant lumineux.

— J'espère que mon physique va pas trop te décevoir, dit Cassandre.

— Hein?! Comment ça?

— Ben, je suis vraiment moins belle que les mesdames sexy que tu dessines.

— Arrête avec ça! Pense pas que je trippe sur des *pitounes*...

— Tous les gars trippent sur des *pitounes*. C'est correct, décide-t-elle, amusée.

Cassandre s'installe calmement devant moi. « Je vais pas gigoter, promis. Je vais tout faire pour aider ton dessin. » J'ai le loisir de lui détailler les jolis traits de son joli visage. Merci infiniment, Max, de m'avoir fait faux bond. Le visage de Cassandre est plus harmonieux que le tien.

Mon fusain, bien incliné, vient caresser le papier pour reproduire ce que je vois. Mes yeux font l'aller-retour entre le visage de ma collègue de classe et ma feuille. Cassandre rend hommage à l'expression « belle comme une image »; elle ne bouge pas d'un iota.

— Tu peux respirer, hein! lui dis-je, amusé.

— Le moins possible. Je veux pas nuire au dessin.

— Tu y nuiras pas, promis.

Le sourire de Cassandre s'allonge un peu plus. Je sens ses narines frémir un peu. L'air circule. Ça y est, elle respire. Je reproduis les yeux en plein cœur du visage, là où ils sont plantés, quand il est question d'un visage harmonieux. Et c'est le cas de celui de Cassandre. Le nez est mutin. Le front est haut. Et comme tout visage admirable, il contient des particularités qui en font l'unicité. Des fossettes doubles, creuses. Des oreilles proéminentes mal dissimulées sous ses cheveux fins. Et surtout, une tache de vin sur le cou, que je n'avais jusqu'alors jamais observée.

Cette tache de vin est magnifique. Elle met l'élégance de son cou en évidence. Cette tache propre, indélébile, j'aimerais y déposer les lèvres. Pour en boire le vin, peut-être.

Les yeux de Cassandre tentent de déchiffrer mon dessin, alors que j'estompe avec l'index la gracieuse tache dans son cou.

— Es-tu en train de faire ma tache de naissance ?

— Oui…

— T'es pas obligé, tsé. Tu peux mentir et faire comme si j'en avais pas.

— Pourquoi ça ? Sylvie nous a dit d'être honnêtes. Et en plus, c'est super beau !

— Ah bon. Ben OK, si tu trouves ça beau…

Sylvie nous fait signe qu'il ne nous reste qu'une minute pour terminer notre portrait avant de passer le fusain à notre collègue. Je fais les dernières retouches, puis tends le dessin à mon modèle, qui s'extasie. « Mais je suis pas si belle que ça ! »

Si elle savait…

Bientôt, mon dessin circule de mains en mains. Il passe sous les yeux de Sylvie, qui me félicite chaleureusement. « Tu as un talent très rare, Arnold. Regardez ce qu'a fait votre collègue de classe ! » dit-elle en exposant mon œuvre, demandant à Cassandre de venir accoler son visage à deux pouces de mon fusain. « C'est très ressemblant ! »

— Tu vas me le donner, après l'évaluation ?

— Ben oui !

— T'es fin. Bon, arrête de bouger. C'est mon tour de te tirer le portrait. J'aimerais quand même ça avoir une bonne note, moi aussi.

C'est au tour de Cassandre de me détailler le visage. Elle se met à me reproduire consciencieusement.

— Tu as les yeux rieurs, même quand tu souris pas. Exactement comme ton papa.

Elle parle de Julien, évidemment. C'est le seul de mes papas qu'elle a vu. Alors, j'ai les yeux de Julien ? C'est bien possible, après tout. Ce serait peut-être lui, mon vrai vrai papa. Celui qui me désirait pour vrai vrai.

— J'ai terminé. Je t'avertis, c'est vraiment moins beau que ce que t'as fait avec moi. Mais c'est de ta faute, tu bougeais pas mal, je trouve, me reproche-t-elle en blague, en me tendant son œuvre.

Je me regarde, vu à travers les yeux de Cassandre. Je me reconnais un tout petit peu. C'est un travail honnête, oui, mais surtout imparfait.

— C'est très bien.

— Ben non. C'est laid, clame-t-elle.

— Il manque un peu d'ombres, pour donner du relief.

— Je suis pas bonne pour ça.

— Faut pas avoir peur de se salir les mains, quand on fait du fusain.

— Tu peux m'aider ? Sylvie regarde pas.

— Hummm... Passe-moi ta gomme à effacer.

— T'es tellement fin !

À l'insu de notre prof, je retouche mon portrait. J'ajoute des ombres : mes tempes, mes joues, mon cou. Je refais mon nez, qui était un peu bâclé. Je gonfle ma chevelure, nettement plus généreuse que ce qu'en a fait Cassandre. Je « m'améliore ». Je tends le dessin et le fusain à ma collègue, en extase devant mes ajouts.

— Merci !!

Elle me prend une main, reconnaissante. J'excuse mes paumes noires. Mes mains vieillies et salies. Mes mains de garagiste artiste.

— Je m'en fous, si t'es sale.

Je souris comme un con et me rends au lavabo. L'eau me lave du fusain. Je redeviens Arnold Morin-Aubert. Mais un plus Morin qu'Aubert.

QUI DE NOUS DEUX ?

Arnold et Alia,

J'aimerais dire que la dernière lettre de Julien forçait le trait, mais j'aurais tort. Elle rend compte de l'état dans lequel je me trouvais. Je n'avais pas prévu avoir des enfants dans la vie. Ce n'était pas dans mes plans. Et pourtant, je vous assure vous avoir désirés, dès que j'ai pris la décision d'embarquer à pieds joints dans les projets de Papou.

Suite à notre « différend », Julien et moi, on a pris une petite pause. Pendant douze jours, Julien est retourné vivre chez grand-papa et grand-maman Morin, et moi je suis resté seul dans la maison. Dans cette grande maison, garnie de meubles décapés. J'ai verni les douze meubles que j'avais achetés durant l'année. Je vernissais un meuble par jour. Rendu au douzième meuble, j'ai réalisé que je ne m'étais jamais senti aussi seul de toute ma vie. La maison empestait le décapant, le vernis. Habituellement, j'aimais ce mélange d'odeurs, mais là, il me donnait juste mal au cœur. J'ai arrêté d'avoir mal au cœur quand Julien est revenu à la maison.

On annonçait de la neige pour le lendemain. Julien revenait seulement pour prendre son manteau d'hiver. Je voyais qu'il avait pleuré.

J'avais le manteau de votre Papou dans les mains, mais j'étais incapable de le lui tendre. Je le serrais comme une bouée. Je n'étais plus à la maison. J'étais abandonné en mer, sans gilet de sauvetage. Et le manteau de Julien m'empêchait de caler, de me noyer.

J'ai regardé votre Papou dans les yeux. Je lui ai demandé : « Comment on ferait ça ? » Julien ne semblait pas comprendre ce dont je parlais. Alors j'ai eu à préciser : « Pour avoir des enfants. Je suis prêt, Julien. J'ai envie que nos enfants grafignent le vernis de nos meubles. »

Julien m'a alors sauté dans les bras et j'ai su que je n'allais plus jamais me noyer.

Plus tard, après avoir célébré nos retrouvailles, Julien m'a appris qu'il avait la solution. Depuis toujours, Marraine Sandrine lui avait proposé de porter ses enfants. Par amitié. Parce qu'elle savait que c'était primordial pour lui. Vous le savez : Marraine Sandrine n'a jamais voulu être maman. Mais elle a toujours voulu être votre marraine. Parce qu'elle vous aime. Après tout, vous provenez d'elle.

J'ai demandé à Julien qui allait être le vrai papa. Il m'a habilement répondu que nous allions l'être tous les deux. Mais il a compris que je parlais de manière plus pratico-pratique. Il a précisé que ça ne lui dérangeait pas. J'ai ajouté que moi non plus, ça ne me dérangeait pas. Alors c'est Julien qui a lancé l'idée de tirer à pile ou face, exactement comme la question du swing. Or, avoir des enfants, c'est plus sérieux que de s'inscrire ou non à des cours de swing. Mais Julien a répondu avec grâce en me disant que si c'est moi le vrai papa, il serait autant heureux que si c'est lui. « Pile ou face ? » m'a-t-il demandé. J'ai rapidement choisi face, laissant le pile à Julien.

Et Julien a lancé la pièce de monnaie, puis l'a rattrapée. Il l'a posée sur le revers de sa main et me l'a montrée. Je ne vous dirai pas encore de quel côté était tombée la pièce. Je vous dirai simplement qu'on s'est serrés très longuement, lui et moi.

Il y a plus de 15 ans, je l'avoue, je n'avais pas prévu vous avoir dans ma vie, mais sachez qu'aujourd'hui, vous êtes la plus belle chose qui me soit arrivée.

Édouard

xx

Cette lettre nous attendait sur la table de la cuisine, au retour de l'école. Et elle était nécessaire. Elle met un baume sur la blessure que m'a faite la lecture de la lettre d'hier. Elle me réconcilie avec Poupa.

Ce sont des yeux plus tendres que je pose sur Édouard, ce soir.

Au souper, il nous invite à appeler Marraine ce soir. Le rappel est important : Alia et moi l'aurions certainement oublié. C'est la fête des Mères aujourd'hui. Comme chaque année, Alia et moi téléphonons à Marraine Sandrine pour lui souhaiter un joyeux anniversaire de maternité. La fête des Mères, pour ma sœur et moi, c'est la fête de Marraine. Et pour la fête des Pères, qui sera le 19 juin, nous aurons deux jubilés à célébrer.

Au téléphone, Marraine Sandrine est plus enjouée que jamais.

— Dans cinq jours, c'est votre fête, mes amours !

— Oui, mais là, c'est ta fête à toi, Marraine, insiste Alia.

— Ben vous êtes ben *smattes* de m'appeler. Vous allez venir me voir dans mon *show* de sirènes, jeudi soir, hein ?

— Oui, c'est à l'agenda. On a ben hâte de te voir faire Ariel, la petite sirène !

— Ha ! Ha ! Ha ! Ha ! Dans mon cas, ça va juste être Sandrine, la grosse sirène !

J'entends sur la ligne Alia qui retient un rire.

— C'est quoi, c'est comme un spectacle de nage synchronisée ? demande ma sœur.

— Exact. On va nager sur du Gloria Estefan. *Conga* ! Ça va être ben le fun ! Mais attendez-vous pas à un long spectacle. Ça va durer un gros 15 minutes, max ! Je suis dans le premier groupe, celui des débutants. Pis après, y aura une choré des intermédiaires. Pour finir avec les avancées. Elles sont vraiment bonnes, vous allez voir ! Il me reste des croûtes à manger !

— Ben, Marraine, Arnold et moi, on sera là pour te supporter et crier ton nom très fort dans les gradins !

— Vous êtes ben fins, mes amours ! Arnold, es-tu au téléphone ?

— Oui, Marraine…

— Je t'entendais pas.

— Je suis là…

Ma voix est toujours plus discrète. Quand Alia et moi sommes chacun sur nos téléphones avec Marraine ou quelqu'un d'autre, je laisse toujours ma sœur mener les discussions. Elle aime prendre la place, et moi je me sens à l'aise dans l'ombre.

— Bon, on sonne à la porte. Ma pizza au bacon est arrivée ! Je dois vous laisser. Je vous aime, mes amours ! À jeudi !

— À jeudi, Marraine. Bonne fête encore.

— Oui, bonne fête, que j'ajoute timidement, alors qu'on raccroche sur l'autre ligne.

Après avoir raccroché à mon tour, je m'installe pour faire mon devoir de mathématique. Je vérifie un détail dans mon agenda et tombe sur une note au fusain, de la main de Cassandre. C'est écrit « Merci », puis c'est signé. Et en dessous son numéro de téléphone. Seraitelle vraiment intéressée par moi ? Mon cœur s'emballe aussitôt. Que faire ? Je consulte l'heure. 19 h 43. Mes papas m'ont toujours dit qu'il valait mieux appeler chez les gens avant 20 h 30. Je pourrais donc lui téléphoner… Mais pour lui dire quoi ? « Merci d'avoir été un modèle aussi statique ; grâce à toi, je vais avoir une bonne note ! » ou « Heille, je pensais à ça, aimerais-tu poser pour moi pour ma BD ? Tu ferais une belle héroïne de *Comics* ! Plus "normale" ! Comme je les aime, pour vrai. Héhéhé ! »

Je ne sais pas du tout quoi lui dire. J'aimerais tant avoir les gènes de la sociabilité d'Alia. Mais force est d'admettre qu'elle a tout pris. Absolument tout !

Je l'appelle, oui ou non ? Je m'inspire de Julien, je prends un 25 sous et je tire à pile ou face. Face, je l'appelle. Pile, je fais rien. Je lance la monnaie et la rattrape. Je la balance sur le revers de ma main, en la cachant de l'autre. Je libère lentement ma main, effrayé par la décision du hasard.

Pile. Je suis soulagé. Je ne ferai que mon devoir de math, ce soir.

Mon petit cœur s'en portera mieux.

Mardi, 9 mai

À cause d'Alia, on manque l'autobus ce matin. Elle a eu tous les gènes de la sociabilité, mais aussi tous ceux de la pimbêche-qui-passe-beaucoup-trop-de-temps-devant-son-miroir-pour-se-préparer-le-matin. Moi, le matin, c'est une douche, un tee-shirt qui sent le propre, un bol de Froot Loops, et hop à l'école. Alia règle son réveille-matin 45 minutes avant moi pour réussir à ressembler aux femmes que je dessine. Et parfois, comme ce matin, les 45 minutes supplémentaires ne sont pas suffisantes. Et elle me fait rater le bus, parce que j'ai la stupide gentillesse de toujours l'attendre.

Édouard nous offre un *lift* jusqu'à l'école. Il nous dépose devant, au même moment où Cassandre, qui marche de chez elle à l'école secondaire, traverse le stationnement. Quel terrible *timing*. Je me renfonce un peu dans mon siège pendant qu'Alia, assise à l'avant, embrasse Édouard en le remerciant pour le *lift* et en lui promettant qu'elle ne manquera plus le bus du mois de mai. Faites que Cassandre ne m'ait pas vu, faites que

Cassandre ne m'ait pas vu, faites que Cassandre ne m'ait pas vu…

Alia sort de l'auto en premier.

— Bon matin, Cassandre !

— Bon matin, Alia ! C'est vraiment beau, ta coiffure.

— Merci. Mais c'est elle qui m'a fait manquer le bus !

Cassandre rigole et Alia ralentit le pas, croyant que la fan de musique *dance* veut rentrer avec elle à l'école. Mais Cassandre ne bouge pas. Elle m'attend clairement. Alia comprend l'entreprise de sa collègue de classe, sourit, amusée, et décide de rentrer seule dans l'école.

— Je vais aller voir si Tania et Clélia sont arrivées.

— *Cool.* À plus, Alia.

— À plus, Cassandre.

Pendant ce temps, Poupa me tend sa dernière lettre. « Tu la liras avec ta sœur, tantôt ! » Je le remercie du bout des lèvres, je sors de la voiture et je ferme délicatement la portière. Édouard se plaint que je ne l'ai pas bien *clenchée*. Merde. Je me reprends plus vivement, avant qu'il file à son cégep.

— T'as manqué de force dans le bras ? rigole Cassandre.

— Non, non. Je voulais juste pas casser la vitre. Des fois, je la claque trop fort. Je connais pas bien ma force.

— Hou, hou ! Un vrai Schwarzenegger ! me lance-t-elle, en tâtant mon biceps timide, sous ma veste.

Je me racle la gorge pour me donner une contenance et m'assure qu'Édouard est parti dans notre réconfortante Ford. Mon amie suit mon regard des yeux.

— C'était qui, ce beau conducteur là ?

Je ne peux pas dire « mon père », j'ai déjà épuisé cette carte quand elle a vu Julien.

— C'est… c'est mon parrain.

— Il est vraiment beau.

— Ah, *cool*. Je lui dirai…

— Tu m'as pas appelée, hier ? T'as pas trouvé mon mot dans ton agenda ou t'étais trop gêné ?

— En fait, quand j'ai fini par voir ton mot, il était trop tard.

— Il était quelle heure ?

— Vingt et une heures à peu près, que je mens.

— Il était pas trop tard, voyons !

— Mes parents m'ont toujours dit de pas appeler chez des gens passé 20 h 30.

— Tes parents t'ont bien élevé.

— Je pense que oui.

— Mais ils pouvaient pas te faire de *lift*, ce matin ?

— Euh… non. Ils étaient occupés.

— Ton parrain vit pas loin, j'imagine.

— Oui, c'est mon voisin.

Bon, c'est beau, Arnold. Je pense qu'il serait temps que tu arrêtes de mentir !

— *Cool*… Penses-tu m'appeler ce soir ?

— Ben oui, évidemment.

— *Cool.*

— *Cool.*

— Ben… bonne journée, Arnold.

— Bonne journée, Cassandre.

Sur l'heure du dîner, Alia abandonne ses amies pour venir m'interroger.

— C'était quoi, ça ?

— Ça quoi ?

— Cassandre, ce matin. Elle te voulait quoi ?

— Me jaser.

— De quoi ?

— De rien de précis.

— Oh, *my god*, vous vous tournez autour !

— Ben non.

— Je peux pas croire que mon petit frère va avoir une blonde avant que j'aie un chum. La vie est tellement *rough* avec moi !

— Je suis pas ton petit frère !

— De dix minutes.

— Pffff. N'importe quoi. Pis il se passe rien entre elle et moi. Elle voudrait que je lui téléphone, mais j'ai ben trop la chienne.

— T'es *cute*. T'es tellement comme Poupa !

— Comment ça ?

— T'es tout pogné, comme lui.

— Je suis pas pogné.

Alia pousse un petit rire de mépris et rejoint ses amies. Je ne suis pas pogné. Je suis juste moins à l'aise qu'elle, c'est tout. Je ne suis tellement pas pogné que je partage les événements récents avec Max et Yannick pendant que je termine mon lunch à la cafétéria. Si le premier comprend mon trouble, le second m'exhorte de lui téléphoner ce soir :

— T'es méga chanceux, Arnold ! Si Cassandre Beaulieu te donne son numéro de téléphone, tu te poses pas de questions pis tu l'appelles ! Voyons ! Voir que ç'a du bon sens. Moi, à ta place, j'aurais été *game* de l'appeler à minuit !

— Je suis pas sûr qu'elle aurait trippé. Encore moins ses parents.

— Arrête de trop penser, Morin-Aubert ! Faut foncer dans la vie ! Profite de ce qui t'arrive ! clame Yannick avec sa joie mythique, voire mystique (cet ami a définitivement plus les gènes de mon Papou Julien que moi !).

Galvanisé par les encouragements de mon pote, je me rends à mon casier avec une nouvelle largeur d'épaules. Je fais tournoyer la ganse de ma boîte à lunch autour de mon doigt. Je sens à l'intérieur la danse en duo de ma cuillère et de mon gâteau Vachon, que je n'ai finalement pas avalé. Je le mangerai dans le bus, après les classes. Juste un peu avant d'appeler Cassandre, tiens ! Je me sens subitement ample et aimé. Je dégonfle d'un coup quand je tombe sur le rictus de Loïc et ses poignets cassés.

— À ce que je vois, mon petit fif préféré est de bonne humeur !

Je voudrais l'assommer avec la porte de mon casier. *Tac* dans le front. Je voudrais lui rentrer ma cuillère à yogourt dans la gueule. *Toc* dans la gorge. Je voudrais que mon deuxième orteil perfore ma chaussure et s'allonge jusqu'à son cou. *Zwip*, *qwick*, plus de Loïc Longtin.

Non, mieux : je voudrais simplement lui écraser mon gâteau Vachon sur la tête. *Plof.* Admirer le caramel, le chocolat et la mousse se mêler à sa chevelure de fendant. Venger mon Papou pour toute la haine qu'il a endurée dans les années 1980 et 1990, venger ma sœur et les remarques blessantes reçues sur ses broches, venger mes amis, me venger moi-même.

Mais non. Je ne fais rien de tout ça. Silencieusement, dans une tentative de conserver une certaine dignité, je remets rapidement ma boîte à lunch dans mon casier en me forçant à ignorer les sons de baisers que produit Loïc avec sa détestable bouche.

Ses cruels sons de baisers, je les entends en écho pour le reste de la journée. Merci, Loïc Longtin, de ruiner une journée qui avait si joliment commencé.

ARNOLD ET ALIA

Mes enfants,

Marraine Sandrine est tombée enceinte du premier coup ! Elle a engraissé à vue d'œil. Lors d'une échographie, nous avons appris que vous étiez deux plutôt qu'un. Des « jumeaux hétérozygotes », qu'on appelle, chacun dans vos placentas respectifs. Un gars et une fille. Quelques mois plus tard, Marraine Sandrine a accouché de vous. Mais vous saviez tout ça.

Ce que vous ignorez, par contre, ce sont les circonstances de l'accouchement. Julien et moi tenions chacun une main de Marraine Sandrine, couchée sur son lit d'hôpital. Nous lui tordions la main et nous poussions avec elle pour que vous sortiez. Surtout Julien, sans surprise. Ça devait être très beau à voir.

Le médecin a demandé lequel de nous deux était le papa, et nous avons répondu en même temps : « Nous deux ! » Le médecin a juste souri, mais Julien est persuadé qu'il nous enviait. Selon lui, il était homosexuel et ne désirait qu'une seule chose : être à notre place. Moi, naturellement, je n'ai rien perçu de ça. Julien dit que mon *gaydar* est brisé depuis la naissance. C'est bien possible. Mais sachez que j'ai jamais douté un instant de l'orientation sexuelle de votre Papou.

Toujours est-il que Julien est persuadé que le médecin me faisait de l'œil. Je n'ai rien vu de tout ça. Sans quoi, j'aurais sans doute rougi. Ou non, je n'aurais pas rougi. J'étais simplement captivé par le petit miracle de votre naissance.

Nous avons poussé fort, et Marraine Sandrine aussi. Et vous nous êtes apparus. Alia, dix minutes avant Arnold.

Vous étiez tellement beaux. Julien était de mon avis, mais trouvait que vous n'étiez pas totalement identiques. Ce à quoi j'ai répondu quelque chose comme : « Mais c'est sûr : il y a un gars et une fille. Un a un pénis, et l'autre un vagin. » Et Julien s'est naturellement offusqué comme si j'avais dit une vulgarité.

Je crois que c'est moi le premier qui ai demandé comment nous allions vous appeler. Julien tenait à nommer le gars et me laisser choisir le nom de la fille. « Pourquoi moi la fille ? » ai-je demandé. « Parce que tu as des nièces et des sœurs. Tu connais ça, toi, les filles», m'a-t-il répondu. Je l'ai relancé aussitôt: «Tu as plein d'amies filles; c'est pas une bonne raison. Dis la vérité, Julien. Pourquoi je nomme la fille et toi le gars?» Et c'est là que le chat est sorti du sac: «J'ai trop envie de nommer notre garçon Arnold.» Schwarzenegger: son amour de jeunesse, comme vous savez. Julien a insisté en disant que c'est un prénom rare. Que de nos jours, personne n'appelle son enfant Arnold. Je lui ai fait remarquer que c'était sans doute parce que les gens associent trop le prénom à l'acteur australien. Je me suis alors amusé de lui en inventant qu'un jour, Schwarzenegger aurait dit en entrevue qu'il aimerait visiter l'Afrique, que selon lui, c'était un pays surprenant. Mon piège tendu a fonctionné: Julien m'a demandé ce que j'avais contre l'Afrique. Ce à quoi j'ai répliqué que l'Afrique n'était PAS un pays. Voir Julien patiner pour se justifier m'a beaucoup fait rire. Ça ressemblait à ceci: «Mais… mais… je sais bien que c'est pas un pays! C'est… un… continent? Moi aussi, je suis pas vilain en géographie, tu sauras. Je pourrais te nommer dix pays d'Afrique comme ça. Tout de go. Tu peux en faire autant?»

Et je lui ai servi une liste époustouflante qui lui a cloué le bec: «Kenya, Rwanda, Tanzanie, Somalie, Malawi, Ouganda, Tchad, Cameroun, Côte d'Ivoire, Guinée, Guinée Équatoriale, République du Congo, République démocratique du Congo, Gabon, Bénin, Burkina Faso, Mali, Niger, Togo et Zimbabwe! En voilà 20! Sans compter les pays du nord de l'Afrique, parmi lesquels il y a : Algérie, Égypte, Libye, Maroc, Tunisie ! Ce qui fait 25. Et je n'ai même pas nommé de pays au sud du continent. »

C'est à ce moment que votre Papou m'a sorti ce désormais classique : « T'as même pas nommé le Chili ! C'est un pays important, ça, le Chili ! »

Que le Chili soit en Amérique du Sud ne lui a pas fait un pli sur la différence. Il a tenu à t'appeler comme son idole, Arnold. Et moi, sans trop réfléchir, j'ai choisi Alia pour toi, ma fille. Julien a trouvé ça beau. Il a trouvé que ça sonnait comme « *alien* ».

C'est donc dans la pouponnière que nous nous sommes amusés à vous appeler à la cantonade, pour exercer nos rôles de parent.

« Arnold, Alia ! Venez ici ! »

« Arnold, Alia ! Combien de fois on va devoir vous dire : pas plus d'une heure de télé par jour ! »

« Arnold, Alia ! Allez donc jouer dehors. On habite en campagne. C'est pas pour rien ! »

« Arnold, Alia ! Qui c'est qui a laissé la lumière du salon ouverte ? Que c'est qu'on arrête pas de vous dire ? Le dernier qui sort éteint la lumière ! C'est quand même pas sorcier ! »

Avouez qu'on avait du flair.

Avec tout mon amour, malgré tout,

Édouard

XX

Même pendant qu'Alia me fait la lecture de la lettre d'Édouard, la lettre où on apprend notre venue au monde, j'entends les méprisants baisers de Loïc résonner.

Comment puis-je me laisser tourmenter par un con comme ça ? Je n'ai donc aucune carapace ?

— Tu dis rien ?

— Ben, je sais pas. Qu'est-ce que tu veux que je dise ?

— C'est une belle lettre, non ?

— Oui, mais j'ai pas l'impression d'apprendre quelque chose de neuf. Je savais déjà tout ça.

— Oh, monsieur est pas très impressionnable !

— Veux-tu ben me laisser tranquille !

Alia se tait un moment, puis me sourit, certaine de lire en moi.

— Tu penses à Cassandre ? Tu vas-tu l'appeler ?

— Je sais pas.

— Appelle-la donc, lambineux.

— Y me semblait que ça te rendait pas heureuse que ton petit frère se fasse une blonde avant toi…

— Ben non, je serais heureuse… Au moins, il se passerait de quoi dans la vie d'un de nous deux. Moi, je suis pas partie pour me faire un chum, avec mes broches pis ma crinière de mouton.

— Arrête, t'es super belle pis tu le sais.

— Jean-Luc Dion-Moisan m'a encore traitée de « clôture à foin » aujourd'hui.

— Jean-Luc Dion-Moisan est un connard, comme tous ses amis, d'ailleurs.

— Pourquoi tu dis ça ?

Je ne veux pas m'aventurer plus loin sur le terrain de Loïc. Je ne veux surtout pas le nommer. Le nommer assombrirait totalement ma soirée. Alors je décrète vaguement : « Un connard, ça se tient avec des connards. » Ça suffit à Alia qui hoche la tête. Elle est de mon avis.

— C'est vrai : qui se ressemble s'assemble. Cassandre est clairement une bonne fille. Comme toi t'es un bon gars. Je pense vraiment que tu devrais l'appeler.

— Peut-être.

— Si tu sais pas quoi lui dire, t'as juste à la faire parler. Les filles adorent parler. Demande-lui ce qu'elle a fait aujourd'hui, ce qu'elle va faire cet été, ce qu'elle aimerait faire plus tard dans la vie… Ce genre de chose. Ah, et pis tu pourrais lui demander ce qu'elle pense de moi. Je me suis toujours demandé si elle m'aimait, Cassandre Beaulieu. Je pense que oui, mais quand même, j'aimerais ça qu'elle te le confirme. Mais dis-lui pas que je t'ai demandé ça, là ! Sois subtil, *please*.

Je n'ai aucunement l'intention de faire parler Cassandre de ma sœur. Je ne sais même pas si je vais lui téléphoner, ce soir. En fait, non : je sais que je ne lui téléphonerai pas. Je ne suis pas d'humeur. Loïc a gâché ma journée.

Et puis, après *Opération Envoûtement*, il y a deux autres téléréalités que je veux regarder. Ça va me mener à 21 heures. Et mes papas m'ont toujours interdit de téléphoner à quelqu'un, passé 21 heures.

Je suis un lâche, c'est vrai. Mais regarder les problèmes des participants dans les téléréalités me fait magnifiquement oublier les miens. J'oublie les sons de baisers de Loïc, j'oublie que Cassandre attend mon appel, j'oublie que je dois rendre mon devoir de math demain…

Mercredi, 10 mai

La divertissante lettre de Julien est imprimée en double, ce matin, et glissée sous nos portes de chambre. Chacun sa copie. Puisque notre Papou se prend pour un dramaturge, Alia m'oblige à lui donner la réplique en me tirant dans sa chambre.

— Tu joues Édouard et moi Julien.

— Pourquoi ?

— Parce que j'ai plus de folie que toi, pis il en faut, pour jouer Papou. Pis en plus, il a de plus longues répliques. Et j'aime plus jouer que toi. Faque c'est ça. Je vais faire la narration, plus les répliques de Julien. Et toi, celles d'Édouard. T'es prêt ? Go. Place au théâtre.

LES COMPLICATIONS

Et les années ont passé, mes belles petites brutes.

Vous avez grandi. Un jour, alors que vous aviez peut-être 4 ans, j'ai remarqué que la deuxième orteil d'Arnold était plus longue que les autres. J'ai regardé les pieds d'Alin, et c'était la même chose. Sa deuxième orteil aussi était plus longue que les autres. J'étais content.

(Parenthèse importante : écoutez pas votre père ! Je persiste et signe : « orteil », ça sonne mieux au féminin, je trouve.)

Je trouvais vos orteils tellement belles que j'ai fini par assumer les miennes et me promener nu-pieds dans la maison avec vous. Un jour, on a même fait une parade de mode avec nos pieds. Vous vous rappelez ? C'était beau de vous voir aller. On était sur le point de devenir la famille parfaite que je voyais tout le temps dans ma tête.

Pour compléter ce bonheur, j'ai entraîné votre Poupa au Canadian Tire, un magasin qui le rend bien plus heureux que moi. Moi, je m'emmerde dans une place où on vend des vis, des boulons pis des arrosoirs. Mais là, j'avais une idée derrière la tête.

ÉDOUARD — Pourquoi tu veux absolument qu'on achète un module de musculation ? Je sais que t'en feras pas.

MOI — Tu vas en faire, toi.

ÉDOUARD — Je fais pas ça.

MOI — Tu t'entraînes !

ÉDOUARD — Je fais de la course à pied. Je fais du vélo. Je fais des *push-up* tous les matins. C'est tout. J'ai pas envie de cette grosse ferraille là dans la maison.

MOI — T'as douze meubles à toi ici, tu peux ben me laisser ça !

ÉDOUARD — On va mettre ça où, Julien ?

MOI — Dans la cave. Pense aux enfants. Ils vont aimer ça. Surtout Arnold.

ÉDOUARD — Ils vont aimer ça ? Julien, les enfants ont 4 ans. On fait pas de la musculation à 4 ans. Des plans pour que ça leur déforme le corps ! Pense avec ta tête !

J'aguis ça quand votre Poupa se pense plus fin que tout le monde. *J'aguis* profondément ça. Mais je dois reconnaître qu'il s'est calmé le pompon, depuis quelques années. Il a gagné en modestie.

MOI — Déformer le corps ! *My god !* T'exagères pas un peu ? Ils vont pas faire de la musculation, ils vont faire de la danse musculaire. C'est super créatif, la danse musculaire. Nos enfants sont créatifs, on va les laisser se créer des chorégraphies à leur guise autour de notre machine à muscles.

ÉDOUARD — Nos enfants dansent pas.

MOI — C'est pas vrai. Ils dansent un peu. On a fait une parade de mode avec nos pieds cette semaine.

ÉDOUARD — Tu les obliges à danser, mais ils aiment pas ça.

MOI — Les enfants aiment pas danser ?

ÉDOUARD — Non.

MOI — *Nos* enfants ?

ÉDOUARD — Oui, nos enfants.

MOI — Même Alia ?

ÉDOUARD — Surtout Alia. Elle déteste danser. Elle danse pour te faire plaisir. Parce qu'elle sait que ça te rend heureux de danser avec elle.

Je tombais un peu en bas de ma chaise. Mais force est d'admettre que votre Poupa avait raison.

MOI — Ben… Peut-être que la machine à muscles va développer leur intérêt ? Leur intérêt pour la danse musculaire, je veux dire.

Votre Poupa ne réagissait pas.

MOI — Ou alors, ça sera comme un gros jouet, pour eux. C'est tout. Un très gros jouet en métal. Non ?

Votre Poupa ne réagissait toujours pas.

MOI — Édouard, j'ai envie d'avoir cet appareil-là à la maison. Tu peux-tu me faire ce plaisir-là ? J'ai toujours rêvé d'avoir une machine à muscles dans une maison, bon. Je trouve que c'est un symbole de famille unie et solide. D'une famille respectueuse, qui prend soin d'elle. On n'est pas obligés de l'utiliser. C'est pour le paraître, Édouard. Pour le look. C'est juste pour être respectable. Pour avoir l'air respectable. J'ai-tu le droit d'avoir envie de projeter l'image d'une famille unie, solide et respectable ? Hein, Édouard, j'ai-tu le droit ?

J'avais un peu haussé le ton, je pense. Les clients du Canadian Tire me dévisageaient drôlement. Tout pour enrager Édouard, qui m'a répondu entre les dents (eh qu'il aime pas attirer l'attention, c't'enfant-là !).

ÉDOUARD — Oui, oui, t'as le droit. On va l'acheter, ta maudite machine à muscles.

MOI — Merci. Tu vas vouloir l'assembler, hein ?

Poupa a refait son gars hautain. Sa célèbre posture de fin finaud.

ÉDOUARD — Ça va être ta machine à toi. À toi de l'assembler.

MOI — Mais, Édouard, je vais pas être capable, je me connais.

ÉDOUARD — Tu te forceras. C'est une question de respectabilité, Julien. Tu peux bien faire ça pour le paraître, non ?

J'*aguis* ça quand il fait ça. J'*aguis* ça quand il a raison. Et malheureusement pour moi, il a pas mal tout le temps raison. Comme vous le savez, je crois, c'est lui qui a finalement assemblé le gros mastodonte en métal. Je n'en ai pas été capable, je le savais. J'ai pas un esprit cartésien comme Édouard, moi. Je suis plus artistique. Il faut avoir un esprit cartésien pour assembler ce genre de machine là.

De temps en temps, quand il veut me faire sentir coupable pour une raison ou une autre, votre Poupa me rappelle que ça lui a pris toute une journée pour construire notre monstre de métal qu'on n'aurait finalement *jamais utilisé*, selon lui. On l'aurait simplement baptisé le gros Alien avant de l'entreposer en plein cœur de la cave.

ÉDOUARD — Par chance, notre honneur est sauf : on est une famille respectable. On a une grosse machine qui ne sert à rien !

Je ne suis pas de son avis. Moi, quand je ne fais pas sécher mes serviettes sur les barres de métal, je fais de la danse musculaire. Oui oui.

Tsé, ce n'est pas parce que vous ne me voyez pas en faire que je n'en fais pas.

En tout cas, j'en fais deux ou trois fois par année, au moins.

Vous aussi, hein ?

Avouez !

Avouez donc !

Votre papa le plus flexible des deux,

xxxxx

P.-S. : Avouez, siouplaît !!! Question de démentir votre Poupa.

Désolé, Papou, mais je ne t'ai JAMAIS vu faire de la danse musculaire à la cave. Jamais.

À moins qu'il fasse ça en cachette… Ce qui me surprendrait ; je n'ai jamais vu Julien faire quelque chose en cachette. Il fait tout de manière *ostentatoire*. C'est le mot qu'utilise Édouard, et je trouve qu'il est bien choisi. Julien aime être vu.

— J'étais bonne, non ? Y me semble que je suis bonne ! Tu trouves pas, Arnold ?

— Oui, t'es bonne.

C'est vrai qu'elle est douée, ma sœur. Elle est talentueuse. Mais quêter des compliments, je trouve ça lourd. Ça tue un peu mon envie de la complimenter.

— On dirait que ça a été écrit pour moi. J'ai presque envie de jouer cette scène-là aujourd'hui, dans mon cours d'art dram.

— Hein ?

— Notre prof, celui qui m'aime pas parce qu'il me trouve laide, nous a demandé d'apporter des scènes qu'on peut jouer à deux. J'ai pris une pièce à la biblio, mais je la trouve moins bonne que ça.

— Tu peux pas faire ça.

— Pourquoi ça ?

— Ben… c'est une lettre privée, ça.

— Je vais demander la permission à Julien, d'abord.

— Fais pas ça, voyons ! C'est notre vie privée à nous, ça, Alia !

— C'est quoi ? T'as peur que tout le monde sache qu'on a deux papas ?

— Non, j'ai pas peur, mais le monde est pas obligé de savoir ça. Moi, ça… ça m'intéresse pas de savoir si les parents de Camille Gendron-Lemieux sont divorcés ou… ou… ou si le père de Fabrice Royer est mort dans un accident de moto… ou si… si la mère de mon ami Max donne des câlins pour arrondir ses fins de mois ! Ça leur appartient à eux. C'est privé.

— Ayoye. Je pensais pas que c'était privé, moi, ça. Je le dis à tous mes amis, moi.

— T'as le droit. C'est tes amis. Mais pas à tout le monde ! Moi aussi, je le dis à mes amis. J'ai pas honte ! Mais je le dis à mes amis seulement !

— Mais à notre ancienne école, pas mal tout le monde le savait, Arnold…

— Notre ancienne école, Alia, c'était l'école primaire. Primaire ! C'était pas pareil. Là, on est au secondaire. Au secondaire, on se fait écœurer. Tu le sais très bien, « clôture à foin » !

— C'est beau, pas obligé d'être méchant, Arnold, j'ai compris.

Je me calme un peu. Je me suis peut-être emporté.

— Ce que je veux dire, c'est que c'est plus pareil. C'est une école secondaire, ici. Y a plein de monde qui nous connaît pas. Des élèves qui viennent des villes avoisinantes, qui savent pas pantoute qu'on a deux papas. Pis qui ont pas besoin de le savoir.

— C'est bon. Je comprends. T'as sans doute raison. Je vais pas apporter la lettre de Julien.

— Merci.

Je tremble. C'est bête, mais je tremble. C'est comme si je venais de livrer un plaidoyer sur l'importance de notre vie privée et que j'avais réussi à convaincre Alia. Je ne me pensais pas capable de la faire changer d'idée. Je suis tellement surpris que je tremble.

Je lui ai fait entendre raison. Et pourtant, je ne sais pas moi-même si j'ai raison. Une partie de moi envie tellement Alia de pouvoir tout dire ce qu'elle veut dire, de n'avoir pas de filtre, d'avoir de la répartie, d'être capable de téléphoner à un garçon qui l'intéresse. Même s'il est 21 h 15 et qu'elle se doute très bien qu'elle n'est pas son genre.

Moi, je suis le gars peureux, incapable de téléphoner à une fille qui l'intéresse.

Dans l'autobus, je me prépare une phrase : « Je suis désolé, Cassandre, mais j'ai oublié mon agenda dans mon casier hier. J'ai pas pu t'appeler. M'excuse… » C'est ultra-crédible.

Je vais peut-être pouvoir sauver les meubles.

• •

Je n'ai pas pu sauver les meubles : je n'ai pas vu Cassandre à l'école. Je me suis imaginé des choses toute la journée. Et si elle ne s'était pas pointée à l'école à cause de moi ? Je l'aurais donc blessée en ne lui téléphonant pas ? Elle m'en veut, sans doute. Peut-être ne veut-elle plus me reparler ? Peut-être que je viens d'anéantir toutes mes chances avec elle en branlant dans le manche ?

Parce qu'il y a péril en la demeure, une fois rentré chez moi, je me botte le cul et je compose les chiffres qui s'estompent déjà dans mon agenda. Le fusain, ç'a quelque chose qui s'effrite, même encore une fois sur le papier. Si on n'ajoute pas de fixatif, ça peut s'embrouiller. Un dessin clair devient un brouillard, un numéro de téléphone devient brumeux. Vite, avant qu'il ne soit trop tard.

Cassandre décroche à la troisième sonnerie.

— C'est Arnold. Je m'excuse pour hier.

— Arnold, ma grand-mère est morte hier après-midi.

— Oh, je suis désolé. C'est pour ça que t'étais pas à l'école aujourd'hui ?

— Oui. J'imagine que t'as essayé d'appeler hier soir. Mais j'étais pas là ; j'étais chez mon grand-père, avec toute ma famille. Pour prendre soin de lui. Je suis désolée.

— Oh, c'est pas grave. Fais-toi-z-en pas avec ça ! Je comprends tellement.

Euh… ouf ?

— Mais là, tu vas comment ?

— Correct. Je suis triste.

— T'étais proche de ta grand-mère ?

— Justement, pas tellement. C'est ça qui me rend triste. Je me sens mal d'avoir jamais été très proche d'elle. Je me sens mal depuis ce matin. Je *feel* coupable.

— Ben voyons, faut pas. Y a pas de raison ! T'étais pas obligée d'être proche d'elle. C'est dommage, mais c'est de même…

— J'ai l'impression de jamais avoir fait d'efforts. C'est comme si j'avais raté ma chance d'avoir été une bonne petite-fille.

— Ben, tu peux te rattraper avec ton grand-père.

— T'as raison.

— Peut-être que justement, il va avoir besoin de toi, là…

— T'as vraiment raison.

Je n'ai jamais été aussi valorisé sur mon bon jugement qu'aujourd'hui. Je devrais peut-être envisager une carrière de juge ?

— Je suis heureuse que tu m'appelles.

— Je suis heureux de t'appeler.

Et voilà qu'un silence s'installe. Oh non. Vite, je dois le remplir. Dis quelque chose, dis quelque chose…

— Je me demandais… tu… euh… tu veux faire quoi plus tard, dans la vie ?

Euh... Hein ? Euh...

Merci pour tes précieux conseils, Alia.

• •

Cassandre et moi parlons pendant deux heures. Je manque toutes mes téléréalités de la soirée, et j'ai l'impression d'avoir tout gagné.

Jeudi, 11 mai

Ce matin, Édouard ne donne pas de cours. Il en profite pour cuisiner sa célèbre soupe à l'oignon, qu'on aime tous dans la maison. Il coupe des oignons avec un masque de plongée. Il a pris ce truc de Julien pour préserver sa virilité et garder les yeux secs. Il est beau à voir aller : il cuisine tout en écoutant le chanteur français Renaud. Poupa ne fredonne jamais de chansons, sauf quand il écoute du Renaud. Alors, ce matin, il chante. Ou plus honnêtement : il chantonne.

Lola, j'suis qu'un fantôme
quand tu vas où j'suis pas

Tu sais ma môme que j'suis morgane de toi

C'est une chanson qu'il nous chantait souvent, à Alia et moi, quand nous étions petits. Il imitait l'accent français coloré d'argot de Renaud Séchan, et ça nous faisait rire. C'était étonnant, pour nous, à l'époque. Et c'était la seule fois où Édouard se transformait vraiment. Un jour, je lui ai demandé ce que ça voulait dire,

« morgane de toi ». Il m'a expliqué qu'en manouche, ça veut dire « amoureux ». Donc ça veut dire « amoureux de toi ». C'est une chanson que Renaud a écrite pour sa fille, Lolita, alias Lola.

Je trouvais ça beau qu'Édouard nous chante une chanson d'amour. Lolita Séchan a dû se sentir très aimée, d'avoir une si belle chanson, écrite juste pour elle. Il paraît qu'elle a étudié la littérature à Montréal et que maintenant, elle écrit et illustre des livres pour enfants. Édouard explique le destin de la fille de Renaud ainsi : « Quand tu reçois beaucoup d'amour, tu veux en redonner en retour. »

J'ai fait mes recherches et j'ai vu que Lolita Séchan fait des bandes dessinées, inspirée par les mangas. Disons que ça résonne chez moi…

Je ne suis pas nécessairement un fan de Renaud, mais je le trouve fascinant. L'été passé, j'ai déniché un documentaire qu'Édouard avait enregistré sur son artiste préféré. Je l'ai écouté et je suis tombé en bas de ma chaise. Renaud y parlait de David, son frère jumeau. Il disait : « Mon jumeau, qui est né avant, je l'ai poussé dehors. Je voulais pas sortir. Je suis resté dix minutes plus longtemps que lui, au chaud. Le jour me faisait peur. J'avais pas envie d'affronter cette vie, alors j'ai poussé mon frère dehors et je suis resté seul dans mon cocon. Et puis je me suis décidé à sortir quand même, pour voir comment c'était. »

Ça m'a bouleversé. Cette citation, je l'ai réécoutée deux fois avant de me décider à la copier sur une feuille, que je garde toujours dans mes tiroirs. C'est comme si Renaud avait mis des mots sur ce que je pensais. Ou mieux : c'est comme si le chanteur, né en 1952, avait vécu la même chose que moi, mais 50 ans plus tôt. Je suis né dix minutes après Alia, qui a toujours foncé davantage que moi dans la vie. J'étais bien, dans le ventre spacieux de Marraine Sandrine, et je pressentais sans doute que je ne trouverais pas quoi répliquer quand les Loïc Longtin m'insulteraient, ni quoi dire quand une fille m'intéresserait. Je devais sentir que je ne serais pas spécialement habile avec la vie.

Mais comme Renaud, j'ai tout de même décidé de sortir, pour voir c'était comment.

Et c'était beau, souvent. Et ce l'est encore. C'est beau voir Poupa chantonner en coupant des oignons avec un masque de plongée devant les yeux. C'est beau voir Papou battre la mesure avec sa tête en lisant le journal. C'est même beau voir Alia déloger une céréale Honeycomb coincée intensément dans ses broches.

Je vois bien à quel point je suis à l'aise aussi, dans la vie, entouré, emballé de tant de ouate. Et cette ouate, c'est ma famille qui me la fabrique : Poupa, Papou, Alia, Marraine Sandrine, mes grands-parents Aubert, mes grands-parents Morin…

Je suis bien et protégé.

Mais tout de même, parce que je me sens loin d'être invincible, comme mon Schwarzy, je vais me tenir loin de Loïc Longtin toute la journée.

• •

Si une journée loin de Loïc est une journée réussie, c'est dans l'allégresse que je rentre de l'école, aujourd'hui. Je n'ai pas eu beaucoup d'occasions de parler à Cassandre, mais Loïc ne s'est pas mis sur ma route.

Sur la table, la plus récente lettre. Je prends les commandes, pour changer. C'est dans ma chambre que je traîne ma sœur. C'est moi qui lirai, cette fois.

LES COMPLICATIONS (BIS)

Et vous avez encore grandi, mes enfants.

Julien regardait avec bonheur votre deuxième orteil dépasser de jour en jour le reste de vos petits orteils, qu'il s'acharnait à féminiser. Il se sentait moins seul, avec vous, qu'il me disait. Il n'était plus le seul extraterrestre du clan, avec son orteil de mutant. Vous étiez trois à être comme ça.

Moi, j'étais toujours derrière lui à le corriger comme un écho : « *Un* orteil. Pas *une*. »

Un jour, j'ai surpris Julien en train de te « soigner » l'orteil, Arnold. Il te badigeonnait une plaie avec de la ouate et un certain produit, tout en criant à ta sœur : « Alia, je t'ai dit d'aller t'habiller, *bazwel* ! Tu m'écoutes jamais ! Grand-papa et grand-maman Aubert vont arriver bientôt ! Y ont fait beaucoup de route, ça serait le fun qu'on les accueille bien, tu penses pas ? Qu'on les accueille autrement qu'en montrant nos foufounes. Pis lave-toi donc le visage, on jurerait que t'as mangé du chocolat avec tes joues ! Pourrais-tu, s'il te plaît, faire un effort pour que mes beaux-parents pensent que je suis un bon père ? »

J'ai stoppé sa tirade en lui demandant ce qu'il faisait. Il m'a dit que tu t'étais coupé l'orteil. Qu'*elle* n'était pas fracturé*e*, qu'il n'y avait pas de quoi aller à l'hôpital. Je lui ai demandé comment tu t'étais fait ça. Julien m'a révélé : « Il s'est cogné le pied contre la machine à muscles. Il m'a dit qu'il courait, mais je le suspecte de pas vouloir m'avouer qu'il faisait de la danse musculaire en cachette. » Puis, il a ri tout seul.

C'est là que j'ai vu le produit rouge fluorescent sur la ouate qui tamponnait ta plaie, Arnold. J'ai élevé la voix d'un cran : « C'est du mercurochrome ? Mets pas ça sur son orteil ! » Julien ne comprenait pas ma demande, alors j'ai précisé que c'était un produit dangereux. Fidèle à lui-même, Julien a banalisé la chose : « C'est pas dangereux. C'est un désinfectant. Ça va le désinfecter. Ma mère m'a toujours mis du mercurochrome quand je me blessais, et ça m'a pas tué, visiblement. Ça m'a sauvé. » Je lui ai rappelé que les temps ont changé. Qu'il n'est même plus légal d'utiliser ça, car il y a du mercure. Julien a ri naïvement : « Voyons, y a pas de mercure là-dedans. », et moi je l'ai ramené à l'ordre : « Ça le dit : mercure au chrome. Mercure, Julien. Mercure. Tu sais c'est quoi du mercure ? C'est dangereux ! »

Julien semblait débiné et désolé. Mais surtout ahuri. Après tout, c'est ce que les techniciens en garderie appliquaient alors sur les plaies, quand un enfant se blessait. « Vous devriez arrêter ça », ai-je décrété. Et votre Papou a piteusement signalé ne pas comprendre, qu'on en vend encore à la pharmacie. J'ai alors fait la remarque qu'on y vend aussi des céréales sucrées, et ça ne veut pas dire que c'est bon pour nous. Julien s'est senti attaqué. Il a dit quelque chose qui ressemblait à : « Reviens-en avec tes céréales sucrées. J'en mange même plus depuis qu'on a les enfants ! Je mange presque juste du son et de l'avoine ! » Et c'est là que j'ai explosé : « Écoute, je vais être clair, Julien : il est pas question que tu mettes du mercure dans les plaies de mes enfants. »

Un silence de mort a suivi. Un silence lourd comme une chape de plomb. Comme le gros Alien au sous-sol… Même vous, Arnold et Alia, ne comprenant pas ma colère soudaine, vous vous étiez tus.

Julien a rassemblé ses esprits et a fini par articuler : « *Tes* enfants ? C'est pas *tes* enfants. C'est les miens autant que toi. » J'ai soufflé un vague « hum » que Julien n'a pas aimé : « Que c'est, hum ? » « Hum. C'est nos enfants », ai-je dit.

Un nouveau silence s'est installé, bien inconfortablement.

Julien m'a demandé des précisions sur le «*mes enfants*». J'ai demandé pardon, mais votre Papou m'a ramené à l'ordre: «Ça se dit pas, ça, Édouard. Tu comprends? Pas quand c'est vrai. Si tu le dis et que c'est vrai, ça fait trop mal. Ça fait que tu peux pas dire ça. OK?» Il avait raison. J'étais désolé.

Troisième silence. Julien a fini par ironiser: «Donc, j'y mets quoi? Pour l'orteil d'Arnold. Si j'y mets pas de mercurochrome, j'y mets quoi? J'y mets rien, c'est ça? Je le regarde attraper la gangrène les bras croisés?» J'ai été le plus calme que je le pouvais en l'invitant à prendre plutôt du savon doux et de l'eau. Et d'ajouter ensuite un pansement. Julien t'a serré contre lui, Arnold, et il s'est moqué de moi, sans amusement aucun: «Merci, grand-maman Aubert. Je vais y mettre un pansement avec des télévisions que j'ai acheté l'autre jour. Il va aimer ça. Il aime ça, regarder la télé.»

Ding dong! La sonnette a percé un quatrième silence épais comme un dictionnaire. Derrière la porte patientaient grand-papa et grand-maman Aubert. À ce jour, je crois bien que c'est la fois où nous avons reçu mes parents de manière la moins chaleureuse.

Mais ils ne nous en ont jamais voulu: des chicanes de couple, ça arrive dans toutes les familles. Même les meilleures, dirait Papou.

Votre père attentionné,
Édouard
xx

Je termine la lettre, la mâchoire décrochée. Alia et moi, nous nous regardons, stupéfaits. Avons-nous enfin notre réponse ? Alors, ce serait Édouard, notre vrai père ? Je suis heureux, soulagé, déçu et triste. Tout ça à la fois.

Je réalise à quel point j'aurais voulu avoir une part de Julien en moi.

Je réalise que je ne voulais peut-être pas le savoir, qui de mes deux papas est le biologique. Rester confortablement installé dans mon cocon.

Alia trouve que je tire trop rapidement des conclusions. Elle considère que nous devons attendre la lettre du 13 mai pour nous tenir au fait de nos origines. Moi, je la trouve naïve. Ça me semble d'une redoutable limpidité.

Mais attendons, tout de même.

Nous passons le souper à taire notre envie de confirmer ce que l'on suspecte. Nous mangeons sans appétit et regardons les nouvelles du *Téléjournal* distraitement. À la fin du repas, le iPhone de Julien vibre sur un coin de la table. C'est un texto de Marraine Sandrine. « Venez-vous toujours me voir ce soir ? » Le cellulaire tressaute dans son carcan de plastique, acheté au rabais dans un métro à Montréal. C'est un corset serré bon marché, une enveloppe impossible à retirer. Julien se blesse souvent les doigts quand il veut libérer son iPhone de sa coquille. « La membrane protectrice de mon cellulaire est *tight* comme un *skinny jeans.* » C'est ce qu'il dit constamment, pour faire rire la galerie (qui ne rit pas toujours…).

— Bon, Marraine Sandrine angoisse. Je vais l'appeler pour la rassurer.

— Dis-lui qu'elle va très bien performer. Je suis sûr qu'on ne verra qu'elle, affirme Édouard.

Une fois le dessert avalé, Julien téléphone à sa *best friend* pour l'informer que nous sommes en route. Qu'on se meure de la voir faire la sirène. À vrai dire, nous sommes surtout intrigués. Et même un peu inquiets. À quoi ça pourrait ressembler, un spectacle de sirènes ?

Nous nous y rendons gaiement. Nous rentrons au Stade nautique. C'est ce qui est indiqué sur l'édifice. Ça ressemble simplement à une piscine publique avec un gradin d'un côté du bassin. Édouard trouve que « stade nautique », c'est de l'enflure verbale. Si ça veut dire que la ville se pète les bretelles en nommant ainsi le lieu, il n'a pas tort.

C'est la prof de natation qui nous accueille et nous propose des places, à l'avant. Elle porte un paréo vert lime et… et… deux gros coquillages. Un sur chaque sein. Le tout relié avec un cordon, pour que tout reste en place. Disons que c'est dur de la regarder ailleurs que là. Les nageuses et le nageur ne sont pas encore là. Ils doivent être en coulisses (c'est-à-dire le vestiaire).

On doit être à peu près une trentaine, gros maximum, dans le public. Déjà, le répertoire musical de Gloria Estefan nous fait patienter. Si Julien tape du pied et chante toutes les paroles, Édouard lève les yeux au plafond du petit stade nautique. Ce n'est pas son genre de chansons. Mais à la défense du groupe de Marraine Sandrine, je suis certain que ça se nage mieux que du Renaud !

Au bout d'un moment, la prof aux deux magnifiques coquillages comprend qu'il ne viendra pas plus de spectateurs et s'avance devant les gradins. Elle est ricaneuse. Ses coquillages ne cessent de remuer : « Bonsoir… Merci d'être là. Je m'appelle Maria et je viens de Cuba. Comme Gloria Estefan, que vous entendez présentement ! Ha ! Ha ! Ha ! *Toute est dans toute !* Ha ! Ha ! Ha ! Je suis la coach de *Sirènes d'un soir*. Trois soirs semaine, j'offre des cours de sirène. Je vous entends me dire : « Mais, Maria, que c'est ça des cours de sirène ? » Eh bien, c'est un sport aquatique. Le costume (une queue de sirène en tissu extensible) lie les jambes et vous oblige à onduler le corps dans l'eau. C'est très sensuel, vous allez voir ! Ha ! Ha ! Ha ! Mais surtout, ça fait travailler les muscles abdominaux. J'ai des participantes qui se sont trouvé de nouveaux muscles insoupçonnés ! Ha ! Ha ! Ha ! C'est très dur pour le cardio, on brasse beaucoup d'eau ! Vous allez voir ça bien assez tôt ! Il y a les débutants, les intermédiaires et les avancés. Ce soir, vous verrez tous mes élèves. Chacun des trois groupes va performer sur un *hit* de

Gloria Estefan. Viva Cuba ! Ha ! Ha ! Ha ! Pour ceux qui sont intéressés, ceux qui vont être séduits par ce qu'ils vont voir dans une minute, sachez qu'on commence une nouvelle session de dix cours dès la semaine prochaine ! Faut sauter sur l'occasion à pieds joints ! Pieds joints ! Ha ! Ha ! Ha ! Bon... Trêve de plaisanteries, j'ai laissé des brochures à l'entrée. Mais à présent, je vous invite à ouvrir grand les yeux, parce que mes sirènes vont vous en mettre plein la vue. Et vous allez voir : elles sont toutes *éclaboussantes* ! Sauf Pierre, notre sirène mâle ! Lui, il est *éclaboussant* ! Ha ! Ha ! Ha ! Enfilez vite votre imper, c'est parti ! *Splish splash splouch !* »

Splish splash splouch ? Vraiment ? Alia et moi, nous nous regardons, interloqués. Elle est drôle « spéciale », la madame. En jetant un coup d'œil derrière moi, je tombe sur les yeux rieurs de Loïc. Mon cœur stoppe net. Loïc Longtin, ici ? Il est deux bancs plus haut que moi, et il me fait son sourire le plus cruel. Il attendait clairement que je me retourne, pour m'effrayer, comme dans les films d'horreur. Il est seul avec un homme qui lui ressemble beaucoup trop. Son père, c'est clair. J'en déduis que sa mère est dans le spectacle et est probablement une collègue-sirène de Marraine. Pourquoi la vie s'acharne contre moi ? La journée était si bien partie...

Les percussions de *Conga* retentissent et me ramènent à l'ordre. Je tente d'attacher mes yeux au spectacle. C'est l'entrée de la confrérie de sirènes débutantes. Elles se jettent à l'eau avec un sourire impeccable, mais une grâce qui l'est un peu moins. Il y a là des corps tous très différents. Des trentenaires, des quarantenaires, et même des cinquantenaires. Des petites, des grandes, des malingres, des un peu plus toniques, des enrobées. Marraine Sandrine éclabousse un peu plus que les autres. Elle est plus agitée et costaude que les autres. Elle sort du lot, mais je m'y attendais. Elle sort toujours du lot. Le synchronisme des collègues-sirènes est couci-couça, mais les intentions sont nobles. Le sourire d'Alia exprime plus le malaise amusé que l'éblouissement véritable. Moi, je ne pense qu'à Loïc, derrière moi. Je suis même incapable d'apprécier le ridicule du programme. Même quand, dans un moment théâtro-kitsch-malaisant, Pierre, l'homme-sirène, fait son entrée en forçant des bras pour faire jaillir des biceps inexistants et parvient à séduire et embrasser une sirène femelle (probablement sa femme...), je ne souris pas. Loïc ruine tout le spectacle.

Suivent le groupe des sirènes intermédiaires sur *1, 2, 3*, puis les sirènes avancées sur *Everlasting Love*, qui parviennent enfin à m'époustoufler un peu. Pour clore le spectacle, sur l'air de *Turn the Beat Around* (une chanson qu'aimerait sans doute Cassandre), Maria se jette littéralement à l'eau après avoir troqué son paréo pour une queue de poisson se concluant à la taille. Elle nage avec ses vrais coquillages. Elle réussit deux prouesses : celle de révéler une grâce aquatique peu commune, et celle de ne perdre aucun coquillage de toute sa chorégraphie en solo. Clairement une experte, voire une vraie sirène.

Dès que Maria vient saluer la foule sur le bord de la piscine, position sirène sur la banquise, Marraine, encore toute ruisselante, se rue vers nous en pingouin. Elle n'a pas pris la peine de se changer et sa queue de poisson freine son élan.

— Je suis une sirène ! Vous saviez pas ça, hein ? Ben c'est ça que je suis : une sirène !

Je fais comme la famille et je la félicite chaleureusement, quitte à me mouiller le chandail. Pendant que les Aubert-Morin cherchent de nouveaux adjectifs pour qualifier les talents aquatiques de Marraine Sandrine, j'en profite pour passer aux toilettes. À l'urinoir, une voix me fait sursauter : « Ça t'irait bien, une belle queue de sirène, toi aussi. Tu vas t'inscrire, j'espère ? C'est fait pour toi, ces cours-là. Pour toi pis tes deux papounes. »

Je tremble d'un coup. Je ne me retourne pas. Je sais que Loïc est derrière moi.

Ne pas montrer qu'il me bouleverse. Ne surtout pas l'écouter. L'ignorer. Me montrer fort. Ne surtout pas lui répondre. Penser à une chanson qui enterre la voix et les insultes de Loïc. L'ignorer. Actionner calmement la clenche de l'urinoir, comme si de rien n'était. Me laver les mains froidement, sans le regarder. Sortir rapidement. L'ignorer dignement.

Je m'impose des actions pour que tout se passe bien, mais j'entends tout ce qu'il me dit. Ma main qui remonte ma fermeture éclair tremblote.

— C'est lequel, ton vrai père ? C'est sans doute le plus grand des deux, parce que le plus petit a l'air beaucoup trop gai pour engrosser une madame.

— Pardon ?

Je m'étais pourtant promis de ne pas y répondre. Qu'est-ce que je viens de faire ?

— À moins que non. C'est le plus petit. Ça expliquerait pourquoi tu as l'air d'une fille. Comme ta sœur, mais en pas *cute*. Pis sans broches.

— Mais comment tu fais pour être aussi cave que ça ?

Tais-toi, Arnold. Mais tais-toi. Fais juste sortir. Tu te laveras les mains à la maison.

Loïc se met à rire. Il reprend ma question en m'imitant, ajoutant un ton désespéré que je ne crois pas avoir, mais que j'ai peut-être, après tout. « Mais comment tu fais pour être aussi cave que ça ? »

Papou Julien ouvre la porte sur l'entrefaite. Papou mon sauveur, mon superhéros. « Fais ça vite, Arnold ! Alia a des devoirs, ç'a l'air. On va t'attendre dans le char, mon amour. »

La porte se referme. Comment Papou pouvait-il savoir qu'il devait me tirer par le bras et me sortir d'ici. Loïc se met à rire très fort, tout en imitant cette fois la voix chantante de mon père. « On va t'attendre dans le chaaaar, mon amoooour. »

Je viens pour sortir rapidement, mais juste avant, je me retourne. Je le regarde fixement dans les yeux, et lui sers mon plus gros sourire. Un long et immense sourire. J'y mets toute la fierté dont je suis capable. Oui : mon père m'appelle son « amour ». Oui : je suis un privilégié. Oui : sois jaloux de moi autant que tu le veux. Oui : ma Marraine Sandrine est ben plus divertissante que ta mère, peu importe c'était laquelle parmi les sirènes gênantes.

Oui : je te regarde dans les yeux.

Le rire de Loïc perd du gaz. Ses sourcils se froncent. Il ne me comprend pas.

Je reviens sur mes pas et me rends au lavabo. Je ne vais tout de même pas attendre d'être à la maison pour avoir les mains propres. Je vais les laver ici, maintenant.

« Pourquoi tu souris de même ? »

La voix de Loïc est presque inquiète. Je ne le lâche pas des yeux, depuis le miroir. Je le regarde derrière moi et mon sourire est intact, alors que mes mains sont pleines de savon.

« Je te parle : pourquoi tu souris de même ? ! »

Je me rince calmement.

« Heille : pourquoi tu souris de même ? ! »

Je me sèche les mains au séchoir.

« POURQUOI TU ME SOURIS DE MÊME, CHOSE ? ! » (mais presque inaudible, sa question tristement noyée dans le son du séchoir à mains).

Je sors après lui avoir servi mon sourire le plus radieux : mon unique arme.

La porte se referme sur une question qui restera sans réponse.

Vendredi, 12 mai

Édouard est dans la douche. Je sais que c'est lui, car quand c'est Julien, on entend toujours l'écho peu subtil d'une chanson américaine légèrement massacrée, aux paroles défigurées. Là, c'est silencieux.

Alia et moi descendons, direction salle à manger. La lettre nous attend sur la table, ce matin. Julien est à côté, les yeux pleins d'eau. Il nous la tend en tremblant. Alia pleure en la prenant. Elle pleure toujours quand elle est témoin du chagrin de quelqu'un. Elle a beaucoup d'empathie; elle a assurément ce qu'il faut pour devenir comédienne. Moi, les yeux humides de Papou me bouleversent aussi, mais plus de l'intérieur.

On comprend que tout nous sera officiellement révélé ce matin. Et à en juger les larmes de Papou, mon petit doigt me dit que la lettre d'hier suggérait bel et bien que notre vrai papa, c'est Édouard.

— Lisez-la tranquillement. Tout de suite, si vous le voulez. Faites-vous-en pas pour le bus. Édouard va vous reconduire. Voulez-vous des céréales ? demande Julien, en exhibant les boîtes d'Honeycomb et de Froot Loops, personnifiant le bon père qui veut nourrir ses enfants.

— Non, j'ai pas faim, dit Alia, à travers ses larmes.

— Toi, Arnold ?

Je n'ai absolument pas faim, alors je hoche la tête. Si je dis « non », je vais pleurer aussi.

— Je vous laisse lire la lettre. Je vais aller faire vos lits.

Julien ne fait plus nos lits depuis longtemps. Il propose sans doute ça pour se trouver une activité, pas trop près de nous, pour nous laisser à notre intimité.

Alia et moi nous assoyons silencieusement. Ma sœur entame la lecture, avec sa voix qui tremblote.

LA VÉRITÉ DE JULIEN

Mes petits cachemires pleins de boules à mites,

Et les années ont encore passé. Aujourd'hui, nous sommes devenus une famille respectable, à mes yeux. Édouard, pour m'écœurer, me dirait que la preuve, c'est qu'on a une machine à muscles dans la cave, et qu'une fois par mois, on cuisine avec vous des bonshommes en pain d'épice, même si c'est pas Noël. Juste pour que ça sente le gingembre dans la maison. Il peut rire de moi autant qu'il veut, je suis heureux de notre clan. Je suis heureux de ce que nous projetons, comme famille. Et c'est beaucoup grâce à vous. Vous nous rendez plus beaux, Poupa et moi.

On va se dire les vraies affaires : plus vous grandissez, plus vous me ressemblez. Outre votre deuxième orteil, plus longue que les autres, il y a vos dents qui ont commencé à se tasser les unes sur les autres, comme moi quand j'avais votre âge. D'ailleurs, déjà, Alia porte les broches, alors que j'ai passé mes 14 ans, moi, avec un appareil dentaire.

On a beau vous dire depuis toujours qu'Édouard et moi, on est vos deux papas à égalité, vous teniez à savoir la vérité. On vous le dit pour vos 13 ans, en espérant que ça change rien pour vous. Parce que pour nous, ça change rien pantoute.

Édouard connaît très bien la génétique. Il l'enseigne à ses étudiants depuis des années. Et malgré ça, il m'a dit qu'il ne peut pas s'expliquer comment il se fait que vous ressembliez plus à moi qu'à lui, votre vrai vrai papa.

C'est vrai : vous sortez pas de moi. Vous… vous provenez pas directement de moi… Mais vous êtes de moi. C'est pour ça qu'il y a de moi dans votre bagage génétique.

Vous comprenez, hein ? Oui, je suis sûr que vous comprenez. Mes enfants sont *wises*.

Parfois, la science n'explique pas tout. Il y a des choses qui relèvent du mystère. Comme ma deuxième orteil qui se fracture annuellement, toujours un vendredi 13.

Le mois passé, ça a fait 16 ans qu'on est ensemble, votre Poupa et moi.

De votre côté, demain, vous aurez 13 ans. Ça ne se dit pas à quel point le temps file vite. Pour commémorer votre anniversaire, nous vous avons présenté le *best of* de nos vies. C'étaient nos *greatest hits*. Et vous êtes notre plus gros *hit* !

Mais…

Parce que je vous aime tous les trois de manière inconditionnelle, je crois que je dois dire la vérité sur la rencontre d'Édouard et moi. Votre père, je l'ai aimé tout de suite. Tout de suite, tout de suite. Au premier coup d'œil. Quand j'ai vu son pouce fleuri et ses mouvements disgracieux, tout de suite, il m'a eu. Je me suis dit : « Ce gars-là va être mon mari ! » Je voulais juste qu'il me remarque comme je le remarquais. Je me suis mis à danser encore plus, encore mieux. Toutes mes années de danse musculaire m'aidaient à être remarquable. Je dansais super bien. Comme un danseur professionnel. J'avais des gestes amples et gracieux. J'ai été ratoureux. En dansant, je me suis rapproché de lui. Subtilement. Je me suis arrangé pour qu'il me pile sur l'orteil. Je voulais qu'il me la casse, pour qu'il se sente obligé de me parler. J'ai eu ce que je voulais. Votre père m'a fracturé la deuxième orteil et il est entré dans ma vie.

À Édouard qui risque de lire la lettre pour en corriger mes deux ou trois fautes d'inattention : je sais ce que tu vas dire. Tu vas dire qu'« orteil », c'est masculin.

Mais je m'en taponne un peu.

Dans mon cœur, je vois la vie comme Marie-Jo Thério. Elle a raison quand elle chante :

Mes orteils
Ne sont pas toutes pareilles
Mais ce sont toutes des filles
Et pas des garçons

Et Marie-Jo Thério a toujours raison. Mets ça dans ta pipe, Édouard, mon amour.

Bon, ben c'est ça.

J'ai tout dit.

Je vous aime tellement que mon amour pour vous m'épuise moi-même.

Donc je ne vais pas me répéter.

Je vous souhaite le meilleur parce que c'est tout ce que vous méritez, mes petites crapules.

Je laisse le mot de la fin à Poupa, demain. Moi, faut que j'aille faire dodo. C'est épuisant, tout raconter de soi. Quelle idée j'ai eue, aussi !

Votre Papou la langue à terre,

Julien

xoxoxoxoxoxoxoxoxoxoxo

P.-S. : Et puis, trouvez-vous nos vies aussi palpitantes que celles de vos vedettes instantanées de vos téléréalités ? Dites donc oui, *please* ! Sinon, je vous déshérite !!!

La voix d'Alia oscille entre le rire et le chagrin.

Sans réfléchir, je lui caresse la main, avant de la tirer de sa chaise : « Viens avec moi, on va voir Papou tout de suite ! »

Nous grimpons les marches, à la recherche de Julien. Le lit d'Alia est fait. Le mien est plus désordonné que je l'ai laissé en me levant. Julien y est vautré, la tête enfouie dans mon oreiller. Il y étouffe ses larmes. Je mets la main sur son épaule. Il lève une tête ruisselante. Alia et moi lui sautons au cou. Nous pleurons les trois, collés les uns contre les autres, au centre de mon lit défait.

Alia dit : « T'es notre papa autant qu'Édouard. » Et comme je ne sais pas quoi ajouter, j'insiste : « Autant autant. »

Bientôt, Poupa, tout humide et en robe de chambre, s'ajoute à l'étreinte. Nous ne nous disons rien. Nous nous serrons seulement. Les mots n'arriveraient pas à la cheville de tout ce qui est compris, de tout ce qui circule, de tout ce qui nous unit.

• •

Nous avons encore manqué l'autobus, mais nous nous en foutons tous ! Pendant qu'Alia rajuste son mascara, je fouille dans le tiroir de mon bureau et retrouve la liste des *Choses que nous savons de nos papas* remplie il y a une douzaine de jours. Pour ce que ça vaut, j'ajoute une nouvelle information, en bas de la douzième.

13- même si notre vrai vrai papa est Édouard...

Poupa, notre vrai vrai papa, nous conduit à l'école. Il a troqué sa robe de chambre pour un veston en velours côtelé, dont les coudes sont recouverts de *patches* en suède. Un vrai prof de science, crédible à souhait. L'habit fait si souvent le moine.

Cassandre, réglée comme une montre suisse, traverse encore le stationnement au moment où Édouard nous y dépose. Impression de déjà-vu : Alia sort de la Ford, discute sommairement avec Cassandre, qui attend visiblement pour me saluer. Alia lui laisse le champ libre en courant rejoindre Tania et Clélia.

— Décidément, ton parrain est généreux de son temps ! souligne Cassandre, quand je sors de la voiture.

— C'est pas mon parrain ; c'est mon père. Pardon de t'avoir menti.

— Oh. Mais l'autre petit monsieur souriant, c'était qui ?

— Mon autre père.

— Tu veux dire ton beau-père ?

Non, non. Mon père au complet. J'ai deux papas. Amoureux l'un de l'autre. Et pas de maman. J'ai une Marraine qui m'a porté.

— Oh ! Wow ! Je savais même pas. Mais pourquoi tu me l'avais pas dit ? Tu pensais quand même pas que ça me choquerait ?

— Non, je sais pas…

— T'es donc ben nono. Je trouve ça le fun, au contraire. Du moment que tes papas t'aiment.

— Ils m'aiment.

— Bon, ben tout est beau, alors. On commence avec le cours d'arts plastiques.

— C'est vrai.

— J'espère qu'elle va nous redemander de travailler en équipe de deux. Si jamais c'est le cas, on se remet ensemble ?

— Ben oui, certain !

Mais en arts plastiques, on fait finalement du travail individuel. À la fin du cours, Sylvie nous remet les portraits au fusain. J'ai eu 98 % en reproduisant le visage de Cassandre. Elle, elle a obtenu 86 %. C'est sa meilleure note depuis le début de l'année. Elle est très reconnaissante.

À la récréation du dîner, je délaisse un peu Max et Yannick pour aller parler avec Cassandre. Elle m'attire vers la clôture, en retrait des autres, pour me montrer une photo de sa grand-mère sur son iPhone.

— Elle était belle, hein ?

— Très sexy, oui !

— T'es con !

— Non, sérieux, c'était une belle grand-mère.

— J'espère me racheter avec mon grand-père…

Sans réfléchir, je lui caresse la main. Elle me tire aussitôt vers le bas pour que nous nous assoyions, adossés à la clôture Frost.

— Tu serais *game* de me présenter tes deux papas, un jour ?

— Hum hum. Pourquoi pas ?

— *Cool.*

— J'ai oublié de t'avouer un truc…

— Un autre mensonge ?

— Plus une erreur. Je pensais que c'était Venise, la capitale de l'Italie. Ben c'est pas ça, c'est Rome.

— Dans le fond, ça me rassure, que tu sois pas un surhomme…

Elle dépose lentement sa tête sur mon épaule. Je suis surpris sur le coup, mais je la laisse là, évidemment. Je ne veux pas bouger, pour ne pas la chasser. Je retiens ma respiration un long moment. Puis, je finis par respirer de nouveau. Je passe le nez dans sa chevelure. Je suis poche pour identifier des odeurs précises. Je sais juste que ça sent bon et que je ne voudrais pas que ça s'arrête.

Au loin, Max et Yannick rient comme des cons, en me désignant l'un à l'autre. Riez, riez. C'est moi le plus chanceux du trio.

• •

Je rapporte mon portrait à la maison et l'épingle sur un mur de ma chambre. C'est moi, vu à travers les yeux de Cassandre, et retouché par moi. Je me détaille et je vois autant de Julien que d'Édouard.

Peu importe ce que nous révèle la lettre de ce matin, c'est vraiment 50/50. C'est ce que j'ai formellement décidé.

Ce soir, après le souper, pas de téléréalités, encore. Il y a une activité familiale imposée.

Ça tombe le soir où nous allions apprendre qui Éric, le concurrent de cette semaine à *Opération Envoûtement*, allait choisir parmi les cinq demoiselles qui espéraient le charmer. Alia est pas mal déçue, car elle s'était *attachée au personnage*. C'est ce qu'elle dit, elle qui n'a manqué qu'un seul épisode de la semaine, contrairement à moi. J'en ai vu deux. Éric, cet énergumène mal engueulé mais sympathique, me faisait effectivement beaucoup rire, pour le peu que j'ai vu de lui. Alia était très curieuse de savoir qui serait l'élue (temporaire) de son cœur. Nous ne le saurons jamais. Mais il y a des drames plus vastes que celui-ci, ici-bas.

Nos papas s'en foutent qu'on manque l'épisode final de notre téléréalité. Tout ce qu'ils veulent, c'est qu'on pose notre cul sur le siège arrière de la Ford.

« Vite avant qu'il tombe des cordes ! » clame Édouard.

« Tu te défriseras les cheveux une autre fois, Alia ! Il risque pas d'y avoir beaucoup d'ados là-bas. Il y aura surtout des enfants, d'après moi. Pis des parents. C'est vraiment le genre de monde que tu veux séduire ? » se moque Julien.

On finit par partir 20 minutes plus tard dans les maritimes.

Depuis toujours, quand il n'envoie pas des textos (écrits presque phonétiquement !) à sa *best friend hippie*, Julien se prend pour le paparazzi du clan Morin-Aubert avec son iPhone. Il nous mitraille constamment avec son flash, pour prendre des photos. Comme ce sera certainement le cas ce soir, en route vers le mini-golf fluo. Ça fait des semaines qu'il nous rebat les oreilles avec son idée de tenter de faire du *mini-putt glow in the dark*. Il est persuadé que ce sera une soirée unique.

— C'est super qu'il pleuve, au fond !

Pardon ? demande Alia, agacée par la pluie qui s'abat contre les vitres de notre voiture et qui pressent la catastrophe que l'humidité créera dans sa chevelure lisse, bientôt.

— C'est une journée parfaite pour faire du *mini-putt* d'intérieur ! précise Papou Julien.

— Ah bon, dit ma sœur en se lissant les cheveux.

— Ça va faire des belles photos !

— On verra rien ! que je lance, pressentant la pénombre d'une salle fluo, comme dans une discothèque avec des *blacklights* où on ne voit pas grand-chose.

— Ben oui, on va voir, maudit rabat-joie !

Alors qu'Édouard conserve les yeux sur la route, imperturbable à l'excitation juvénile de son amoureux de paparazzi familial, Julien tente de nous tirer le portrait, même s'il n'y a rien d'extraordinaire dans le fait d'être assis dans la voiture.

— Voyons, joualvert ! Ça marche pas.

— Comment ça ? que je demande.

— C'est écrit que « l'espace de stockage libre est insuffisant pour prendre une photo ». C'est terrible ! Je peux plus prendre de photos ; j'ai plus de place, Édouard ! Je fais quoi ! ?

— Ben, tu effaces des photos, Julien ! C'est pas compliqué, répond-il.

— Je peux pas en effacer ! C'est des souvenirs des enfants ! Depuis au moins trois ans ! Ça s'efface pas !

— Je suis sûr que tu peux en effacer quelques-unes.

— Non, c'est impossible. Ça s'efface pas, des photos d'enfants. T'es tellement un mauvais père, au fond, plaisante à demi Julien, pour nous faire tous réagir.

— Pfffft. C'est ça, dit Édouard, aucunement blessé par ce commentaire injustifié. Si tu veux, en arrivant à la maison ce soir, je vais archiver tes photos pour libérer ton iPhone.

— T'es fin, mon amour. Mais je fais quoi en attendant ? demande Julien.

— Tu prends ton mal en patience.

— Je peux pas prendre de photos ?!

— Si t'en effaces pas, non.

— Mais comment je vais faire pour conserver des souvenirs de notre baptême de *mini-putt glow in the dark* ?

— Tu vas faire comme tout le monde, pis tu vas essayer de juste profiter du moment présent pis de prendre des photos dans ta tête. C'est ça que font les gens normaux, Julien.

— Je suis *super* normal ! se défend Papou.

Un silence remplit la voiture. Tout le monde sourit. Julien poursuit son plaidoyer.

— J'aime juste ça avoir des souvenirs sur mon iPhone.

— C'est rendu une maladie, ton affaire.

— Veux-tu ben, monsieur je-décape-des-meubles-pour-passer-le-temps !

Édouard soupire.

Nous nous stationnons trop loin de l'entrée au goût d'Alia. La pluie va gâcher sa chevelure, elle le sait. Le parapluie ne pourra rien pour elle. Elle ronchonne déjà.

Avant de sortir de la voiture, Édouard recommence avec son désir d'économiser sur tout. Il nous regarde dans le rétroviseur et nous propose de mentir sur notre âge.

— Les enfants, vous direz que vous avez 11 ans. Ça va nous coûter moins cher.

— On va avoir 13 ans ! clame Alia, presque outrée.

— Oui, mais la personne de la billetterie, elle le sait pas, elle ! lui dit-il.

— C'est mentir, ça, Poupa ! Tu nous as pas appris à mentir.

— Je suis sûr que t'as raconté des mensonges pires que ça dans ta vie, ma cocotte !

— Je confirme ! dis-je, amusé.

Nous sortons serrés les uns sur les autres, tous collés contre Alia qui tient un parapluie au-dessus de sa tête déjà frisée. Dans le hall du mini-golf, Édouard évalue la grille de tarifs. Il abandonne l'idée de nous rajeunir. Pas besoin de mentir, qu'il nous chuchote. Ce sera plus économique si on prend la passe familiale pour quatre. C'est ce qu'il demande fièrement à la guichetière, une jeune femme dans la jeune vingtaine avec une généreuse repousse noire dans ses cheveux peroxydés.

— Une passe familiale, SVP !

— On fait juste des passes pour les familles.

— Oui, c'est ce que nous sommes, justement, souligne Édouard, en souriant.

— Ben non, monsieur : vous êtes accompagné d'un homme et de deux enfants.

— Oui, et… ? C'est quoi une famille pour vous ?

Sa voix perd de son enthousiasme. La peroxydée tout croche révèle son préjugé gros comme le bras.

— Ben… Une vraie famille, là. Genre : un monsieur, une madame et deux enfants…

Papou et Poupa sont tous les deux sans mots devant la violence de ces mots. Je le suis aussi. Seule Alia crache son désaccord au visage de la guichetière.

— Pardon ? Ce sont nos deux vrais papas, et on est leurs deux vrais enfants. J'ai peut-être pas encore 13 ans, mais il me semble que ça prend pas la tête à Papineau pour voir qu'on est une vraie de vraie famille, madame la fausse blonde !

La peroxydée ratée bafouille avant de s'excuser en sélectionnant le forfait familial pour le clan Morin-Aubert, le mien. Mes papas et moi sommes fiers de ma sœur, dont la chevelure se prend de plus en plus pour un mouton. J'ai rarement été aussi fier d'elle que ce soir.

Nous, les Morin-Aubert, brillants de mille feux dans la pénombre, jouons toute la soirée au mini-golf. Alia, ravigotée par sa belle répartie au visage de la guichetière, est en feu. Sous les néons fluo, elle exécute des coups de championne. Elle nous bat, nous, la gent masculine, à plate couture.

Le mouton gagne la partie haut la main. Pour célébrer sa victoire, je me mets à bêler son nom. Alia me frappe avec le manche de son bâton de golf, mais nos papas n'ont pas l'intention de la gronder. Pas après la façon dont elle a pris notre défense.

Je ne m'en plains pas ; ça n'a pas trop fait mal.

Si les *blacklights* de ce mini-golf exposaient la laideur interne des gens, comme je fantasme à l'idée de révéler celle de Loïc Longtin, je me dis qu'ils trouveraient peu de choses sur nous. Il y a ici peu de malveillance à scanner, même quand ma sœur me frappe avec un bâton.

Dans la voiture en route vers la maison, Julien répète huit fois que c'était « ben le fun », qu'il est « fier d'avoir eu cette idée-là ». Il allonge son bras jusqu'au siège du conducteur et caresse la nuque de Poupa, sans troubler sa vigilance habituelle. Il rompt un joli silence qui s'éternise en lâchant un commentaire rempli autant d'amour que de déception : « Ouin, en tout cas, ça aurait fait de belles photos quand même. »

Nous rions un peu en sachant très bien que la soirée que nous avons passée restera gravée dans notre mémoire vive. Il nous reste un stockage infini, nous.

En rentrant dans la cour de la maison, l'enthousiasme de Poupa Édouard s'assombrit une fois de plus. La lumière emplie les fenêtres de la maison comme s'il y avait de la vie en notre absence.

— Bon, qui c'est qui a oublié de fermer les lumières ? La maison est illuminée comme un sapin de Noël !

— C'est pas moi ! que je me défends.

— C'est pas moi non plus ! J'étais la première dans la voiture, prétexte Alia.

Tout le monde se retourne vers Julien.

— Quoi ! Arrêtez de me dévisager de même, c'est pas moi !

— C'est qui d'abord ?

— C'est toi, mon amour! lance Julien, regardant Poupa, incrédule.

— Pardon?

— C'est toi, Édouard, qui es rentré pour s'assurer qu'Alia avait bien débranché son fer à défriser.

Les yeux de Poupa cherchent dans ses souvenirs, remontant à quelques heures plus tôt. Les traits de son visage se décomposent, comme s'il venait d'apprendre qu'il était faillible.

— C'est ben trop vrai. J'en reviens pas d'avoir oublié. C'est pourtant pas mon genre.

— Fais-toi-z-en pas, mon chéri. Ça peut même arriver aux meilleurs d'entre nous, lui dit Julien, charmeur.

Samedi, 13 mai

Avoir 13 ans un samedi 13, c'est quelque chose. Un jour plus tôt et nous entamions notre année de chance, Alia et moi, un jour de malchance. Mais peu importe ce chiffre : je ne suis pas superstitieux. Les ascenseurs qui n'arrêtent pas au 13e me font rire. Les chats noirs, je les flatte. Les échelles inclinées contre un mur ne m'effraient pas ; je me faufile n'importe où. Les miroirs brisés, j'en ramasse les morceaux et je les jette à la poubelle, le cœur serein.

Aujourd'hui, c'est le début de notre année chanceuse et je m'attends à de belles choses. Elle s'inaugure bien, cette nouvelle année, car non seulement Maxime et Yannick ont pensé à me téléphoner pour me souhaiter un bel anniversaire, mais Cassandre aussi. J'ignore qui l'a informée. Je suis seulement heureux d'entendre sa voix à l'autre bout du fil qui me chante « bonne fête » avec beaucoup trop d'entrain.

Sitôt après avoir raccroché, sourire béat aux lèvres, je sors mon calepin de croquis et m'installe à ma table de travail. J'entame aussi cette nouvelle année de ma vie en réajustant certaines choses. Je crois que je ne suis plus d'accord avec l'enseignement proposé par mon manuel sur les *Comics*. J'en ai assez des archétypes qui y sont véhiculés. Les hommes y sont des brutes ; moi, ceux que je connais bien ne le sont pas. Les femmes y sont toutes gracieuses et douces ; ma sœur a du mordant et Marraine Sandrine est tonitruante. Des caricatures qui ne ressemblent en rien à ma vie : c'est ça, les *Comics* ! Ça manque de naturel. Ça manque de taches de vin, de bourrelets, de chevelure indomptable, de strabisme… Ça manque de sourires, surtout.

Devant mon troisième bol de Froot Loops, je dessine mes deux papas en train de danser du swing. J'ai beau hypertrophier un peu leurs muscles, les rendre davantage saillants, ils demeurent plus modestes et réalistes que mon Schwarzy. Dans le dessin, à gauche, j'ajoute ma sœur en superhéroïne rappelant vaguement un mouton, les cheveux tout frisés. Comme je rate un peu ses yeux et ses broches, j'ai la vivacité de faire disparaître son visage sous un masque de théâtre. À droite, je dessine Marraine Sandrine tout sourire en sirène un peu grasse, les yeux un peu croches, les bras dans les airs, comme après une victoire. Et moi, je me dessine assis en indien, en train de les dessiner, tous.

La toute dernière lettre, signée Édouard, nous est livrée de ses propres mains juste après le dîner.

LA VÉRITÉ D'ÉDOUARD

Mes enfants,

Bonne fête.

Je vous aime autant que Julien vous aime, même si j'ai toujours été plus avare que lui en points d'exclamation.

Je le confirme : je suis le père biologique. Mais si je ne l'étais pas, je vous aimerais du même amour. Je comprends donc très bien la lettre de Julien, ce petit homme ratoureux.

Quand je vous regarde, je vois du Julien en vous. Vous partagez son côté bordélique, ses lacunes avec l'accord de certains verbes et votre manie de couper la parole des autres quand vous avez trop envie de dire quelque chose. Vous avez aussi ses cheveux hirsutes, son nez rond, sa petitesse de corps…

Mais vous avez aussi le plus beau de lui : ses yeux rieurs, qui brillent. Sa grâce naturelle. Son agilité. Et surtout ses éclats de rire qui ne se préoccupent de personne autour.

Maintenant que j'ai été gentil, je me dois de clarifier une chose, moi aussi. Julien, mon amour, je ne veux pas te faire de peine, mais moi, je t'ai pas aimé tout de suite. Au contraire, même.

Au départ, je te trouvais trop énervé. Je te regardais danser sur la piste de danse. Une vraie petite puce mexicaine. Tu prenais tout l'espace, comme si tout t'appartenait. Je te trouvais trop exubérant pour moi.

Et tu me gênais. Je sentais que tu me regardais. J'avais l'impression que tu jugeais ma façon de danser. Et toi, tu en rajoutais. Comme si tu voulais me montrer combien tu dansais mieux que moi. Mieux que tout le monde autour. Je te trouvais arrogant. Alors quand tu es arrivé près de moi, j'ai sauté à pieds joints sur ton pied. Ça se pouvait. Je dansais tellement mal. Je pouvais mettre ça sur le compte de ma maladresse. Mais il est arrivé quelque chose que je n'avais pas prévu.

Non, Julien, ce ne fut pas de te casser *la* deuxième orteil.

Il est arrivé que je t'ai trouvé drôle. Il est arrivé que je t'ai trouvé gentil. Il est arrivé que je t'ai trouvé beau. Les trois en même temps. Comme des triplets. Ça m'a frappé.

Ça a été super violent.

Je t'aime, Julien. Et je me sens honoré de t'avoir dans ma vie. Et pour avoir mis dans mes pattes les plus beaux enfants au monde, je t'en serai éternellement reconnaissant.

Merci.
Édouard
xx

P.-S. : Chers et précieux enfants bourrés de télé, vous savez presque tout, maintenant, à savoir d'où nous venons et d'où vous venez. C'est vrai, vous n'en savez pas plus sur la reproduction des abeilles ou sur le sort du couple gagnant de *L'amour est dans le spa*.

Mais vous savez le plus important. Le plus plus plus important... Vous venez de nous.

Dès que nous terminons la lecture de la lettre, Marraine Sandrine débarque, chargée encore comme un mulet. Elle a pour nous une tonne de cadeaux qui ont dû la ruiner, car cette fois, tout semble neuf. Rien de seconde main ! À Alia, elle offre un nouveau fer à défriser hyper-performant et hyper-rapide pour moins faire sacrer nos papas. À moi, elle me donne un cahier de papier bristol, ce qui est la Ferrari pour les dessinateurs de BD. Il est plus épais, supporte bien tous les crayons, toutes les gommes à effacer, et même l'encre est incapable de le traverser. Mais ce n'est pas tout : elle me remet un étui rempli de crayons de graphite avec des mines variées et des effaces ultra-efficaces. Sans parler d'une équerre en T, pour obtenir des angles droits, puis un *stencil* avec des formes ovales pour créer des phylactères ou des lignes courbes. J'ai là la trousse du parfait bédéiste. Je jubile.

Après le souper et le départ de Marraine Sandrine, c'est le tour des cadeaux de nos papas. Ils ont pour nous une surprise exceptionnelle. Ce n'est pas une autre lettre, mais plutôt un exemplaire chacun de *Vous venez de nous*, un recueil de leurs lettres, mais toutes retranscrites à la main. Nos papas nous offrent notre vie et la leur par écrit, sous forme de livre relié. Comme un roman, mais en plus précieux, parce qu'il est question de nos vraies vies.

Pas de iPhone ni de iPad (désolé, Alia), mais plutôt une preuve d'amour solide, cartonnée, enluminée d'ocre et de rouge.

Puis pour clore cet anniversaire, nos papas nous invitent à venir observer leur cours de swing du samedi soir. Ce sera la première fois que nous les verrons danser devant nous. Ça nous amuse beaucoup d'imaginer Poupa faire tourner Papou, et encore plus l'inverse.

Nous sortons tous, quand je réalise que j'ai oublié mon carnet de dessins. Je ne sors jamais sans mon carnet. Je rentre vite le chercher dans la maison, alors que ma famille m'attend dans la voiture. Les gens que j'aime le plus au monde patientent dans l'habitable Ford. Poupa klaxonne. Je me dépêche. Je verrouille la porte rapidement et cours à la voiture.

« Déguidine, Arnold ! »

Je m'assois derrière, à côté d'Alia. Édouard soupire :

— Cibole ! Y a de la lumière dans ta chambre. T'as pas éteint ?

— Laisse faire ça ! Ça va dissuader les voleurs ! tranche son mari.

Autre soupir de Poupa. Il démarre. Nous nous éloignons de notre maison.

Julien a raison. Même en notre absence, il y aura de la vie dans la maison des Morin-Aubert.

Notes de l'auteur et remerciements

La citation de Renaud est tirée du documentaire *Renaud : le rouge et le noir*, réalisé par Didier Varrod et Éric Guéret, diffusé en 2002 sur France 3.

Le cours aquatique *Sirènes d'un soir* est inspiré d'*AquaSirène*, fondé par Marielle Chartier Hénault.

Je tiens à remercier Serge Marois, Maxime Clermont-Michaud, Tania Perno-Viau, Clélia Brissaud, Claudia Joyal Laplante et surtout Maxime Laurin et Yannick Chapdelaine pour votre rare générosité. Vous avez tous précieusement bonifié mon imaginaire.

Quant à toi, Stéphanie Durand, merci pour ton indéfectible rigueur.

Du même auteur chez d'autres éditeurs

Romans, récits et contes

La petite grenouille qui rêvait de danser, Bayard, 2020.
Martine à la plage, La Mèche, 2019.
Ta maison brûle, De ta mère, 2019.
Les vacances de l'ours polaire impopulaire, Bayard, 2019.
L'éclat de ma transparene, Les Malins, 2019.
L'abri le plus sûr, Bayard, 2019.
Je t'aime beaucoup cependant, Leméac, 2018.
Le précieux plâtre de Samuel, Bayard, 2017.
Moi aussi j'aime les hommes, Stanké, 2017.
Géolocaliser l'amour, Ta Mère, 2016.
Les onze ans fulgurants de Pierre-Henri Dumouchel, Bayard, 2016.
L'enfant mascara, Leméac, 2016.
Javotte, Leméac, 2012, Nomades, 2015.
Paysage aux néons, Leméac, 2015.
La tempête est bonne, Les Malins, 2014.
Le premier qui rira, Leméac, 2014; nouvelle édition coll. Nomades, 2019.
M'as-tu vu ?, trilogie, Les Malins, 2014
Jeanne Moreau a le sourire à l'envers, Leméac, 2013.
Martine à la plage, La Mèche, 2012.
Les Jérémiades, Éditions Sémaphore, 2009.

Théâtre

Ta maison brûle, Les Éditions de Ta Mère, 2019.
Tu dois avoir si froid, Lansman, 2016.
Edgar Paillettes, Lansman, 2015.
PIG, Leméac, 2014.
Peroxyde, Leméac, 2014.
Danser a capella: monologues dynamiques, Ta Mère, 2012.
Les mains dans la gravelle, Éditions de la Bagnole, 2012.
Éric n'est pas beau, L'École des loisirs, 2011.
Qu'est-ce qui reste de Marie-Stella ?, Dramaturges Éditeurs, 2009.

Poésie

Nous somme phosphorescents, Poète de brousse, 2019.
Les garçons courent plus vite, La courte échelle, 2015.
Procès-verbal, Poètes de brousse, 2015.
La sueur des airs climatisés, Poètes de brousse, 2013.
Nancy croit qu'on lui prépare une fête, Poètes de brousse, 2011.
Saigner des dents, Écrits des Forges, 2009.

Album pour enfants

La grève des câlins, Éditions de la Bagnole, 2020.
Les enfants à colorier, Fonfon, 2020.
La gardienne du musée, Éditions de la Bagnole, 2018.
Le pelleteur de nuages, La courte échelle, 2018.
Un ami lumineux, La courte échelle, 2017.
Albert 1er, le roi des rots, Éditions de la Bagnole, 2014.
Un verger dans le ventre, La courte échelle, 2013, Grasset, 2014.

Série Simon et moi

Les règles de Simon, Fonfon, 2016.
Les rimes de Simon, Fonfon, 2016.
Simon est capable, Fonfon, 2016.
Simon la carte de mode, Fonfon, 2016.

BD

Mon cœur pédale, La Pastèque, 2017.

Photo : © Camille Tellier

SIMON BOULERICE

Simon Boulerice a toujours aimé écrire, danser et jouer. Il a donc étudié en littérature à l'UQAM, puis en interprétation théâtrale au Cégep de Lionel-Groulx, en plus de suivre des cours de danse un peu partout. Depuis qu'il a fini l'école, il écrit, danse et joue encore (mais professionnellement) et il remporte plein de prix (parce que ses livres sont vraiment bons) ! Il tire avec bonheur dans toutes les directions : de la poésie, du théâtre, des romans pour adultes, pour ados et pour enfants. On peut aussi le voir à la télé, l'entendre à la radio, le rencontrer à son école… Il ne faut pas trop lui en vouloir ; il a envie de parler à tout le monde.